感情マネジメント

自分とチームの「気持ち」を知り
最高の成果を生みだす

池照佳代
株式会社アイズプラス代表取締役

ダイヤモンド社

はじめに

チームビルディングやリーダーシップ、コーチング、1on1など、あらゆるスキルを身につけてメンバーと向き合っても、なぜかチームの結束力が高まらず、業績も伸び悩む。

リーダーやマネジャーのみなさんは、日々、さまざまなマネジメント理論を学び、職場で実践していると思います。

それなのに、チームがうまく回らない。

メンバーが思うように動いてくれない。

チームの成果が出ない。

そんなお悩みの声をよく聞きます。

果たして、リーダーに欠けているものは何でしょうか。

実はマネジメントスキル以前の部分に問題があるケースがほとんどです。

何が原因なのか。

それが、「感情」です。

リーダーが自分の「感情」やメンバーの「感情」に無頓着なまま、理論やスキルを振りかざしても、それは空回りに終わってしまいます。

どんなに学びを重ねたところで、「感情」を無視したまま自分やメンバーをマネジメントしようとしても、決してうまくはいきません。

いつまで経ってもスキルや理論を有効に活かすことはできないでしょう。

私は、およそ30年にわたって人事や人材開発、組織開発の仕事を手がけてきました。幅広い業界の大手外資系企業で人事制度設計や運用、人材育成の経験を積んだ後、独立。現在は人事や人材開発、組織開発のコンサルタント、そしてEQ（感情知性）トレーナーとして、主に企業向けに人事制度の設計支援やコミュニケーションデザインの構築・実行支援、教育・キャリアプログラム設計およびツール開発、コーチングなどを行っています。

近年では、ダイバーシティ推進、女性活躍推進、組織風土改革などのプロジェクトに携わる機会も増えています。

これまで、グローバル製薬大手のノバルティスグループや伊藤忠商事、日産自動車をはじめ、100以上の組織の支援を行ってきました。人材開発や組織開発で関わったクライアントの中には、「日本版働きがいのある会社ランキング」（調査：Great Place To Work)

で4年連続1位を獲得した経費精算システム最大手のコンカーもあります。

私が人材開発や組織開発において、「感情」が重要なポイントだと気づいたのは、2007年のことでした。

複数のクライアント企業でプロジェクトを主導する中で、ある疑問に直面したのです。メンバーの優秀さはどの企業もほぼ同じ。同じようなテーマで、ほぼ同じプロセスでプロジェクトを進めているのに、なぜかスムーズに運ぶ企業とそうでない企業があったのです。どこでその差が出るのかわからず、頭を悩ませていました。

そんなとき、書店で目に留まったのが、「EQ（感情知性）」をテーマとする本でした。

EQといえば、10年ほど前に世界的ベストセラーになった書籍があり、私もそれを読んでいました。当時は自分の仕事に直接関係ないと気に留めていませんでしたが、改めて読み直し、「これが課題解決のカギになるかもしれない」と直感したのです。そこから本格的に学び、EQトレーナーの資格を取得しました。

EQとは、「IQ（知能指数）」に対して「心の知能指数」と呼ばれます。

自分や他者の「感情」を理解したり、適切に表現したりするスキルのことで、「感情」のあり方をマネジメントする力を指します。

私自身、それまではチームマネジメントに大変苦労してきました。

会社員時代にチームリーダーを務めていたときも、独立後に業務委託のメンバーと協業するようになったときも、そして育児をしながら働く中で家族というチームと協働するときも、うまくできずに苦心していました。例えば、次のような状態に陥っていました。

✓大勢の前では堂々と話ができるのに、目の前の人には思いが伝わらない
✓自分だけが頑張っていると思い込み、うまくいかないのは他者や制度のせいだと思う
✓チームマネジメントのスキルやテクニックをまねしてみるが、継続できない
✓いろいろなことに挑戦したい気持ちばかりが高ぶって、自分の行動が追いつかない
✓イライラする気持ちを無理に抑えようとして、逆に言動ににじみ出てしまう

そんな私がＥＱを学んだことで、心の持ちようが変わっていきました。

自分の「感情」を大切にするようになり、他者の「感情」にも目を向けるようになったことで、仕事仲間や家族とのチームワークが大きく向上したのです。

あるクライアント企業でＥＱプログラムを取り入れたところ、たった1年で成果が出て、その有用性を確信するようになりました。それ以降、企業のリーダーシップ研修やエ

ンゲージメント向上の施策、ダイバーシティ推進など、人材開発や組織開発に関するさまざまなプログラムにＥＱの要素を取り入れて提供しています。

ＥＱとひと口に言っても、複数の機関がメソッドを開発しており、さまざまなプログラムや手法があります。

私は複数の機関でＥＱを学び、クライアント企業の課題や目的に応じて、最適な手法を選んだり、複数のＥＱメソッドを組み合わせたりして、独自のプログラムを提供しています。

本書では、私が普段用いている手法の中でも、読んだらすぐに取り入れられるものを紹介しています。自分の状況に合わせて、気軽に活用してみてください。

近年では、多くの企業がダイバーシティ推進に力を入れています。

職務範囲を明確にして成果で評価するジョブ型雇用を導入する企業も出ています。副業や業務委託で働くフリーランサーも確実に増えるでしょう。

企業と従業員の関係が多様になるほど、リーダーやマネジャーは、これまで以上に背景や価値観の異なるメンバーを束ねる難しさに直面することになります。

しかも、コロナ禍を機に広がったリモートワークが定着すれば、リーダーとメンバー、メンバー同士の間に物理的距離がある中でチームを運営することが当たり前になります。

そんな環境の中でより重要になるのが、マネジメントの理論やスキル以前に、まずはリーダーが自分と仲間の「感情」に向き合い、そこに寄り添い、共感しながら心理的安全性のある人間関係を築くことです。

将来は、テクノロジーの進化に伴い、ビジネスパーソンに必要な知能の多くをＡＩ（人工知能）やロボットが代替するようになるでしょう。このとき、ビジネスパーソンに求められるのは、知能よりも「知性」になります。

だからこそ、「感情知性」の活用法を知っておくことが大切なのです。

多くの企業では、知識やスキルの研修を数多く取り入れ、目に見えやすく評価もしやすいマネジメントのやり方ばかりを従業員に学ばせています。

しかしこの視点だけでリーダーを育てても、現場で人を動かすことはできません。知識とスキルがあれば、人を説得することはできるでしょう。ただしそれだけでは、人に納得してもらったり、共感してもらったりすることはできません。

人を突き動かす原動力は、「感情」にあります。

自分と仲間の「感情」を知り、寄り添い、動かすことができなければ、リーダーがチームを束ね、圧倒的な成果を出すことはできないのです。

一方で、リーダー自身が自分を突き動かす原動力は「感情」であると理解し、自分を鼓舞し、目的に向かって仲間と思いをともにして前に進むことができれば、チームはこれまでにない成果を出すことができるようになるでしょう。

自分と他者を突き動かすもの――それが、「感情」なのです。

企業経営に必要なリソースは、「ヒト・モノ・カネ・ジョウホウ」の4つだと言われます。このうちモノとカネ、ジョウホウは、組織の承認や予算がなければ動かせません。しかし、ヒトのやる気に限って言えば、そこには組織の承認も予算も必要ありません。

あなたが今、この瞬間から、自分と仲間の「感情」に目を向け、大切にすることで、一人ひとりの持つ力を解き放つことができるようになります。

「感情」をマネジメントし、テコのように活用することができれば、あなたやチーム、そして企業そのものにとっても、大きな成果や成長につながります。

本書では、「感情」をチームビルディングやチームマネジメントにどのように活かしていくのかをお伝えします。

第1章では、どの職場でも起こりがちなチーム崩壊の4つの事例を紹介します。どのケースもリーダーが自分や仲間の「感情」に無頓着なために失敗を招いたことがよくわかるはずです。

第2章では、私の人材開発や組織開発の経験をベースに、チームビルディングやチームマネジメントに必要な要素と、その中での「感情」の活かし方をお伝えします。有効なツールである「EQ（感情知性）」についても解説します。

第3章では、「自分の感情」にフタをしたリーダーが、それを解放するための方法をお伝えします。

第4章では、「メンバーの感情」を知る方法をお伝えします。メンバーに「今、どんな気持ち？」とは聞きづらいし、聞かれたメンバーも漠然と聞かれても返答に困ってしまいます。「メンバーの感情」をうまくつかむために、実践できる手軽な方法をお伝えします。

第5章ではチームビルディングのプロセスで「感情」に注目するべきポイントを、第6章ではチームマネジメントにおいて、リーダーが「感情」を意識しながらどのようにメンバーに関わっていくのかにフォーカスします。また第6章では、第1章で登場した4つの症例について、改善するために何を意識すればいいのかという解決策を紹介します。

本書が、チームマネジメントに悩むみなさんの課題を解決する一助となることを強く願っています。

それでは一緒に、「感情マネジメント」について学んでいきましょう。

CONTENT

はじめに 001

第1章

チームは「感情」でつまずく

事例1 「すぐに解決してあげたい」症 020

事例2 「とにかく効率アップしなくちゃ」症 025

事例3 「みんな自分と同じレベル」症 030

事例4 「クールであらねば」症 034

チームは「感情」でつまずく 039

第2章

「感情」を活かせばチームは強くなる

感情の数は２１８５もある　045
まずは「自分の感情」に向き合う　048
「感情」こそ重要な経営資源　050
世界で注目を集める「ＥＱ」　055
ＥＱを高める３つのステップ　057
うまく回るチームと回らないチームの違い　065
ＥＱの効果を肌で感じた　067
「あのとき、これを知っていれば」　069
メンバーへの向き合い方が変わった　072
家庭でも役に立つＥＱ　075

第3章

「自分の感情」を知る

誰かを助ける前に、自分を助けよう 081
「楽しくない」を「楽しむ」に持っていく 085
心理的安全性の有無も「リーダーの感情」次第 088
「感情」が引き起こす行動パターンを知る 089
「感情」の暴走がハラスメントを生む 091
「自分の感情」を知る方法 093
「感情マネジメント」の6つの効果 110
「自分の感情」を知り、主観を持とう 113

第4章

「メンバーの感情」を知る

これからのリーダーに必要な「共感力」 120
同じ言葉でも、受け止め方はバラバラ 124
メンバーの本心を知らなければ成長を促せない 127
仲間に適切に関わるための「TEAM」 131
「メンバーの感情」を知る方法 136
「感情」を知り、メンバーに適切に関わる 144
1on1面談の効果を高める3つのコツ 149
どんな「感情」も認めて尊重する 158

第5章 「感情」チームビルディング

理想のチームは「心・技・体」でつくり上げる 166
チームには5つの発達段階がある 168
仲間の「ノーブルゴール」を知っておく 171
目標設定でも「定性」に注目する 174
アクションプランを自分で考える 177
EQの「3つの知性」「8つの能力」「24の素養」 179
混乱期に重要な「コンフリクト・マネジメント」 183
時に必要なオフサイト・ミーティング 187
モヤモヤを解消する「タニモヤ」 189

第6章

「感情」でつまずかない新しいリーダーの姿

統一期や機能期にエンゲージメントを高める技 191
「Q12」でチームのエンゲージメントを測る 193
エンゲージメントを高める3つの要素 195
リモートワークでエンゲージメントを高める方法 197
リーダーに必要なメンバーを尊敬する姿勢 206
EQはトレーニングで高められる 208
チームエンゲージメントを高めるリーダーの振る舞い 210

リーダーは自分の言動と振る舞いを知ろう 218
声をかけられやすいリーダーになろう 219
ミーティングは「気持ちをデザインする場」 221
メッセージを伝えるときは「自分」を主語に 223
ＥＱが高いリーダーはメンバーを不安にさせない 225
リーダーは「表現力」を磨こう 227
症例別のリーダーの処方箋 230
リーダーはまず「自分の感情」に向き合おう 235
コミュニケーションは「質」と「量」を意識する 238

おわりに 241

第1章

チームは「感情」でつまずく

リーダーシップやマネジメントスキルの研修は受けた。

それなのに、チームがうまく回らない。メンバーが思うように動かない——。

リーダーやマネジャー、人事部門の方々から、こんな悩みをよく打ち明けられます。

私は人材開発や組織開発コンサルティングの一環として、管理職へのコーチングを行っており、普段のマネジメントについても頻繁に相談を受けます。

またクライアント企業に入って組織改革プロジェクトチームと協業しているとき、リーダーの行動を直接目にする機会もあります。

その中で、「うまくいかない原因はこれか！」という要素を発見します。

パターンはさまざまですが、ほとんどのケースで共通しているのは、うまくいかないチームはほとんど「感情」の問題でつまずいているということです。

マネジメントのノウハウやメソッドを学び、実践していても、リーダーが「感情」に無頓着なせいでチームがまとまらずにいる——そんな場面を数多く見てきました。

リーダー本人の「感情」とメンバーの「感情」。これらに丁寧に向き合えば、マネジメントは必ずプラスの成果をもたらします。

とはいえ、突然「感情」の問題だと言われても、戸惑う人のほうが多いはずです。日本社会ではこれまで、仕事の場面に「感情」を持ち込むことはタブーとされてきました。怒りや喜びを露わにするよりも、自分の気持ちを押し殺して冷静な判断を下すことが美徳とされてきたのです。

確かに感情的に振る舞うことはあまり良いことではありません。一方で、「自分がどう感じたのか」「仲間がどんな感情でいるのか」という点に配慮しなかったばかりに起こった悲劇を、私はこれまで数多く見てきました。

そこで本章ではまず、リーダー本人の「感情」とチームメンバーの「感情」をおろそかにした結果、チーム全体が機能不全に陥った象徴的なケースを紹介したいと思います。どの職場でも起こりがちな4つのケースを取り上げました。いずれも「感情」を見落とした結果、失敗を招いたということがよくわかるはずです。

チームリーダーを「Aさん」、メンバーの代表を「Bさん」と設定しました（紹介するストーリーは、実際にあった複数のエピソードに基づいたフィクションです）。

読者のみなさんの職場と照らし合わせながら読んでいただければと思います。

なお、本書にある「リーダー」とは、単なる職場の役職ではなく、チームを束ねる役割を担うすべての人を指します。

事例1 「すぐに解決してあげたい」症

営業チームを率いるリーダーのAさんは、プレイングマネジャー。本人もクライアント企業を担当しながら、4人のメンバーのマネジメントを手がけています。

Aさんが所属する営業部では、突然チーム制が敷かれ、成績優秀だったAさんがリーダーに抜擢されました。マネジメント研修などは特に受けていませんが、Aさんは「結果を出せばメンバーもうれしいはず。自分もかつてはビシビシと育てられたから、同じように指導すればいい」と考えていました。

最近では人事部の方針で1on1制度が導入されました。リーダーは週1回30分間、メンバーとの1on1面談を実施しなければなりません。

「仕事の進捗を確認したらその後は何を話せばいいんだろうか」。そんな迷いを抱きつつ、メンバーBさんとの1on1に臨んだAさん。まずは今期の目標達成状況の確認からスタートしました。

Aさん「現時点で達成率40％か。ペースは悪くないけれど、来月は連休が多いから前倒しで進めたほうがいいな。先週の顧客訪問数はどれくらいだった？」
Bさん「14件です。企画書を作るのに時間がかかってしまって」
Aさん「じゃあ今週は20件を目標にしようか」
Bさん「はい、頑張ります」
Aさん「同行が必要なお客さまがいれば、いつでも声をかけてくれていいから」
Bさん「これから決裁者のアポがとれそうなものがありますので、お願いします」

いくつかのクライアントの状況を確認した後、Aさんはちらりと時計を見ました。

面談開始から15分。「確認しておきたいことは聞けたし、問題もなさそうだ」「自分のお客さまの資料を仕上げないといけないから、早めに切り上げたいな」。

そう思いましたが、人事部からは必ず30分間の1 on 1を行うように言われています。

「あと15分、何を話そうか……そういえば、メンバーの悩みや課題を聞くように言われていたな」。そう考え、AさんはBさんに尋ねました。

Aさん「最近、何か困っていることとか悩んでいることはある？」

Bさんはしばらくためらった後、こう切り出しました。

Bさん「実は、先々月に担当を引き継いだX社ですが、先方の担当者と信頼関係を築ける気がしなくて、相性が良くないのかもしれません」

Aさん「信頼関係なんて1カ月やそこらで築けるものじゃないから、焦らなくていいよ。相手が必要とする情報やデータを提供し続けていくと、きっと信頼関係の土台ができてくるよ」

Bさん「はぁ……あまり自信がないんですけど……」

Aさん「自信なんて後からついてくるよ。私も大型顧客Y社の担当になったばかりの頃は大変だったんだよ。最初は冷たくあしらわれて。それでも何とか信頼を得て、最後にはうちの会社だけに絞ってもらったんだ」

Bさん「そうだったんですか。すごいですね」

Aさん「X社なら、競合のZ社の動向が気になっているんじゃないか？　Z社の動きをリサーチして提供すると喜ばれるかもしれない。すぐに成果を求めているわけじゃないから、時間をかけてやってごらん」

Bさん「……わかりました。頑張ってみます」

１on１を終えた後、Ａさんは満足していました。メンバーの課題を引き出し、自分の体験談も交えて具体的な解決策をアドバイスができたと思っていたのです。

しかし実のところ、Ｂさんのモヤモヤは晴れていませんでした。Ｂさんの心の中には、Ｘ社の担当者にあいさつに行った際の言葉がずっと引っかかっていました。

「前任者は明るくて話もおもしろかったけど、君は真面目すぎてつまらないね」——。

Ｂさんは人格を否定されたように感じました。悔しさやみじめさ、劣等感……。そんな気持ちがくすぶりながら、誰にも打ち明けられずにいたのです。

そんな状態のＢさんに、Ａさんのアドバイスが響くはずはありませんでした。

Ｂさんは X社の担当者への恐怖心を拭うことができず、そのうちＸ社を避けるようになっていきました。挙げ句、数カ月間フォローすることなく放置し、Ｘ社は競合他社のサービスに乗り換えてしまいました。

Ａさんのチームは、年間１０００万円近い売り上げを失いました。

もし、Ｂさんが１on１の場で、「悔しい」「みじめ」と吐き出せていたら、少しはスッキリして気持ちを切り替えられていたかもしれません。Ａさんは、もっと適切な言葉をかけられたかもしれません。場合によっては、ＢさんをＸ社の担当から外すこともできたはずです。

Bさんの気持ちを知ろうとしなかった結果、Aさんは課題の本質に気づかずにいました。自分の仕事が気になり、Bさんと落ち着いて向き合わなかったのも要因の一つでしょう。

◆

Aさんのようなタイプのリーダーは、決して少なくありません。

「メンバーの課題を解決してあげたい」という思いはあるものの、相手のペースに合わせられず、相手が感情を吐露するまで待たずに、自分の伝えたいことだけを押しつけてしまうのです。傾聴ができず、相手が話し終わるのを待たずに自分の話を始めたり、相手の気持ちを聞く前にアドバイスを与えたりするなど、コミュニケーションが一方通行なのも特徴です。

リーダー本人は「ロジカルに課題分析して適切な解決策を与えられた。上司としての役割を果たせた」と思っていても、メンバーは「自分の気持ちを理解してもらえていない」と消化不良の状態に陥ってしまうのです。

メンバーの「感情」を無視した1 on 1は、メンバーのパフォーマンス改善につながらないという残念な事態があちらこちらで起きています。

事例2

「とにかく効率アップしなくちゃ」症

Aさんはメーカーの販促部門でWebマーケティングチームのリーダーを務めています。変化の速い領域だけに、Aさんは最新技術の情報収集に熱心で、今日もWebマーケティングセミナーに参加していました。

セミナー会場で、Aさんはフリーランスのマーケターの X さんと知り合います。Xさんは SNS を活用したマーケティングで実績を上げている人物です。

Aさんのチームは最近SNSマーケティングに着手したばかり。経験者がいないため、SNSになじみのある若手メンバーのBさんをプロジェクトリーダーに抜擢しました。若手の中では優秀なBさんですが、社内初のプロジェクトに不安な様子。ノウハウのキャッチアップにも時間がかかり、進捗はスムーズといえません。

Aさんは X さんに相談を持ちかけました。

「Xさん、うちの会社もSNSマーケティングを活用したいんですが、ノウハウがないんです。もしよろしければ業務委託という形でプロジェクトチームに入ってもらえませんか？　若手メンバーに指導をしていただきたいんです」

Xさんは快諾し、SNSマーケティングのプロジェクトリーダーとして、メンバーに運用ノウハウを伝授するまで伴走することになりました。Xさんとの契約が成立した翌朝のミーティングで、Aさんはメンバーにこの件を伝えました。

Aさん「Xさんは、○○社や△△社のSNSマーケティングをリードした人です。Bさんも、Xさんにリードしてもらえば安心でしょう」
Bさん「……そうですね。私だけでやるよりもずっと早く成果を出せると思います」
Aさん「Bさんは、Xさんからしっかり学んで、立ち上がった後の運用で力を発揮してもらいたい。そこからは、君がリーダーだから」
Bさん「……わかりました。いろいろ教えていただきます」

Aさんは安心しました。SNSマーケティングのプロジェクトは上層部からも期待が寄せられています。「この体制なら最短距離でプロジェクトを完遂できそうだ。Bさんも成長できるだろう」と考え、自分の采配に手応えを感じていました。

ところが、Bさんは肩を落としていました。確かにプロジェクトリーダーを任されたときは「自信がないんですが……」と不安な気持ちを伝えたけれど、同時にやりがいも感じていました。「このプロジェクトを成功させれば、みんなに認めてもらえる」「自分の強みを確立して、キャリアを発展させられるかもしれない」と考えていたのです。

時間はかかりましたが、就業後や休日も勉強して自分なりの戦略を立てつつありました。そのタイミングで、AさんがXさんを連れてきて、Xさんがすべてを仕切るようになったのです。Bさんは、密かに燃やしていた情熱に水を浴びせられました。

「自分のやり方で挑戦してみたかったんだけどな……」

Bさんはチャンスを奪われたような気がしてがっかりしました。「やはり僕では力足らずだったのか」と寂しさも感じました。それでも、不満を漏らすことなくXさんの受け入れに同意しました。「Xさんがやったほうがチームのためになる」と考えたからです。

Xさんは、豊富な経験をベースに早々にプランをまとめ、Bさんをはじめとするメンバーたちを指導しました。ところがしばらくして、Aさんに「プロジェクトを降りたい」と申し出てきました。

Aさん「うまくいっていると思っていたんですが、どうしてですか」
Xさん「私はメンバーのみなさんに歓迎されていないようです。話をしていても反応が鈍いし、プロジェクトを成功させようとする意欲も感じられません。これでは正直、私も楽しくありません。情熱を持ったチームと働きたいんです」

こう言い残し、Xさんは去っていきました。Aさんは原因がわかりませんでした。Bさんがこのプロジェクトに意欲を燃やしていたことも、Xさんを迎えたことでモチベーションが急低下していたことも、気づいていなかったのです。

Bさんは Aさんの判断に納得したものの、うまく気持ちを切り替えることができず、Xさんに心を開くことができず、Xさんの指導に淡々と反応していました。他のメンバーもBさんの思いを知っていたため、Bさんへの気遣いからXさんに対して冷めた態度になっていました。

こうして、チームの空気はよどんでいったのです。ゴールへの最短プロセスを描いていたつもりのAさんでしたが、結果的には振り出しに戻ってしまいました。

ビジネスはスピード感を持って成果を出すことが一番と信じてきたAさん。「新しい挑戦をしていると社内にアピールしたい」という欲もありました。そのため、メンバー一人ひとりの成長スピードに寄り添うことを後回しにして、先走ってしまったのです。

もしAさんが、Bさんの感情を理解していたら、時間がかかってもBさんにすべてを任せる判断を下していたのかもしれません。その結果、Bさんは大きな成長を遂げ、より頼もしい存在に育ったかもしれません。

Xさんの力を借りるにしても、事前にBさんの意見を聞き、Bさんが望む形でサポートしてもらう方法を選べたかもしれません。そうすれば、スピードアップとBさんの成長の両方を実現できた可能性もあります。

◆

リーダーの判断が理にかなっていたとしても、メンバーの気持ちや状態、成長スピードに配慮なく効率主義で進めてしまうと、実行段階で不具合が生じてしまいます。

Aさんは成果を優先した結果、メンバーの「感情」をおろそかにし、プロジェクトの実行段階でつまずいてしまいました。Aさん自身にも結果を焦る気持ちがありました。自分の抱く焦燥感とメンバーの失望。こうした「感情」に目を向けず、自分勝手にプロジェクトを進めようとしたことが、失敗の一番の原因でした。

事例3 「みんな自分と同じレベル」症

Aさんが勤務するのは、優秀で意欲的な人材が集まるネット企業。常に数多くの新規プロジェクトが同時進行しているようなスピード感あふれる職場です。そんな環境でAさんは、同期よりも早くリーダーに昇格。大型のプロジェクトを任されています。

変化の速い業界で、常にトレンドにアンテナを張っているAさん。平日の夜も勉強会に参加するなどして情報のキャッチアップを怠りません。

休日も仕事のことを考えます。平日は一日中ミーティングで慌ただしいことが多いのですが、週末は集中して戦略を練っています。

ある土曜日、Aさんはいつにも増して熱心に仕事をしていました。2週間後の役員会議で重要なプレゼンが控えているからです。ここで承認を得れば、プロジェクトは大きく前進します。Aさんの頭はプレゼン資料のブラッシュアップでいっぱいになっていました。

「昨夜のＷｅｂセミナーで紹介されていた調査データは使えるな。プレゼン資料に入れればかなり説得力が増すはず。あのパートを担当するBさんに出典URLを送ってあげよう」

Aさんは早速、Bさんにダイレクトメッセージを送ります。

「昨夜のWebセミナーで収穫！　プレゼンに使える資料を送ります」

わずか10分後、Bさんから返信が届きました。

「ありがとうございます！　プレゼン資料に加えておきます！」

Aさんは思わずにんまりします。「うちのメンバーは本当に頼もしい」「情報を早めに伝えたから、Bさんは週明けすぐに作業にとりかかれるだろう」。そう満足して、Aさんは再び仕事にとりかかりました。その頃、Bさんは深くため息をついてつぶやきました。

「カンベンしてくれよ。こんなところまで……」

Bさんがいたのは海辺のキャンプ場。この数カ月、通常業務とは別に新規プロジェクトも進行し、体も心も休まらない状態が続いていました。自分のチームにとってこのプロジェクトがどれだけ重要か、リーダーがどれだけ気合を入れているかは十分にわかっています。強いプレッシャーも感じていました。

チームの士気を下げないよう、リーダーや他のメンバーの前では常に元気に振る舞っていたBさんですが、精神的な疲れが増しているのを感じていました。

「自分は限界に近づいている」

そう思ったBさんは、「この週末は完全に休む」と決意していたのです。海辺で寝転び、波音を聞いていると、たまっていた疲れが少しずつ洗い流されていくようでした。

そんなとき、スマホの着信音が鳴ったのです。確認すると、Aさんからの業務連絡。

Bさんはつい、いつもの習慣ですぐに返信しました。

通知オフにしておけば良かったと思っても手遅れです。一瞬で現実に引き戻されたBさんは、週明けの業務が気になって、ゆっくりとくつろぐことができなくなりました。

それから2週間後、プロジェクトは役員会議で無事承認。その直後、BさんはAさんに退職届を出しました。Aさんにとっては寝耳に水でした。「あんなに意欲的に取り組んでいたのに、どうして⁉」と詰め寄ると、Bさんは一言、こうつぶやきます。

「ついていけません。僕はAさんのようにはできないんです……」

Aさんは無意識のうちに、メンバーも自分と同じような熱意で働いていると考えていました。Aさん自身、優秀な上司に憧れて同じように休みなく成果を追う働き方が新人時代から染みついていました。リーダーに昇格したとき、その上司からは「僕の教え子なんだから、ナンバーワンになって当然」といった激励も受けていました。「尊敬する上司に恥をかかせてはいけない」というプレッシャーと、「上司に認められたい」「自分を大きく見せたい」という欲が入り混じっていたのでしょう。

◆

優秀で意欲的なメンバーが多いと、リーダーはつい「みんな、自分と同じモチベーションで働いている」と思い込んでしまいがちです。実際、メンバー全員が同じ熱量を持っているケースもあるでしょう。しかし、人の気持ちは365日24時間同じではありません。その時々でコンディションは変わっていきます。

リーダーがメンバーの「感情」の変化に無頓着でいると、思いがけずボタンの掛け違いが起こり、チームの破綻につながってしまうこともあります。

上司の評価ばかり気にした結果、Aさんはメンバーへの配慮が行き届かなくなっていました。そして無意識のうちに尊敬する上司と自分の関係を、自分とメンバーの関係にも求めていたのです。

Aさん本人が自分の「感情」に気づかなかったことが、最初のつまずきとなりました。

事例4 「クールであらねば」症

経営企画のAさんは、国内の歴史ある大企業で社内横断型プロジェクトのリーダーを任されています。組織風土の改革とイノベーション創出を目指し、部門や職種の枠を超えて社員同士の交流や協業を促進するプロジェクトです。チームはさまざまな部門から自ら手を挙げた優秀な若手メンバーで構成されています。

普段勤務している拠点がバラバラであること、またリモートワークが定着したことから、日常の議論や相談はオンラインミーティングとメールを中心に進めています。

今日も、リーダーのAさんとコアメンバーのBさん、Cさん、Dさんが集まって、オンラインミーティングを開いていました。

Aさん「プランはほぼ固まったね。来週から各部門長への伝達を開始しよう」
Bさん「いよいよ動きだしますね」
Aさん「きっと、あちこちから反発は出てくるだろうね」
Cさん「僕、○○部の人と話すのは初めてです」
Aさん「○○部の部長は神経質で重箱の隅をつついてくるタイプだから、順序立てて説明しないと納得してもらえないよ。話の持っていき方に気をつけてね」
Dさん「僕が担当する△△部は繁忙期に入るので、来月のイベントへの参加に難色を示されるかもしれません……」
Aさん「そこはビシッと言わなくちゃいけないよ。来月には足並みそろえてスタートできるように、みんなも早めに動いてね」
Dさん「……わかりました」
Aさん「じゃ、今日はここまでにしよう。何かあったらメールで連絡して」

そこで接続はプツンと切れました。3人のメンバーはどうもスッキリしない気分でした。

「なんか素っ気ないな。全然楽しくないな……」

プロジェクトが立ち上がり、部門を問わずに有志メンバーの募集が告知されたとき、Bさん、Cさん、Dさんはワクワクしながら手を挙げました。「この会社を変えられるんじゃないか」「もっと楽しく働けるんじゃないか」と、意気揚々とプロジェクトに参加したのです。

ところが、リーダーのAさんは互いの自己紹介もそこそこに、淡々とプロジェクトを進めていきます。そして必ずネガティブな指摘でミーティングが締めくくられます。

「反対される」「～してもらえない」「注意が必要だ」「～しなくてはいけない」……。

そんな言葉を繰り返し聞くうちに、Bさん、Cさん、Dさんは、最初に抱いた熱意が徐々に冷めていきました。

Aさんはネガティブな言葉を連発するだけでなく、いつも能面のように無表情です。そのため、メンバーはAさんが何を考えているのかつかみかねていました。そして「Aさんは、このプロジェクトに乗り気ではなく、プロジェクトも発展性がないんじゃないか」といった疑念を抱くようになっていたのです。

コロナ禍以前であれば、ミーティング後に廊下を歩きながら、あるいはコーヒーを飲みながら、雑談して思いを共有することもできたはずです。しかし、オンラインミーティングが中心になると、連絡事項を確認したらすぐに接続が切れてしまいます。雑談が抜け落ちたことでチームの一体感が薄れ、メンバーは孤独感を抱いていました。

プロジェクトが実行段階に入ると、メンバーは手分けして各部門長にコンタクトをとり、この取り組みについて説明しました。しかしメンバーが消極的な状態で、説明を受ける側が前のめりになるわけもなく、なかなか賛同を得ることができません。

もし、Aさんが次のようなポジティブな言葉でメンバーに語りかけていたら違っていたかもしれません。

「いよいよ、みんなで一生懸命考えてきたことが形になるね」
「X部長は細かく詰めてくるかもしれないけれど、視点が鋭いから学べることも多いはずだよ。行き詰まったら一緒に話をするから、安心して挑戦してもらいたい」
「会社をより良くしたいという思いを伝えれば、きっと理解してもらえるよ」

前向きな言葉をかけていれば、もともとやる気のあったメンバーがやる気をなくすことはなく、さらに熱心にプロジェクトに参加していたのかもしれません。

Aさん自身は、メンバーが疑っていたように乗り気でないわけではありませんでした。むしろメンバーの誰よりもこのプロジェクトに情熱を持って向き合っていたのです。

しかしAさんには、「自分の感情」にフタをする習慣が身についていました。

本来、Aさんは感情豊かな人です。ただ、学生時代の部活でキャプテンを務めていた頃、怒りをストレートに表現しすぎて部員の多くが退部したという苦い過去がありました。その教訓から、社会人になっても気持ちを見せず冷静に対応することを心がけていました。ロジカルシンキングやクリティカルシンキングを学び、論理的かつ少々批判的な考え方をするようになったのです。

◆

Aさんは「ネガティブな感情」を抑え込み、常に冷静なビジネスパーソンという理想像を実現しました。しかし同時に、「楽しい」「ワクワクする」といった「ポジティブな感情」まで抑え込むようになったのです。特に今回は、「失敗できない」「バカにされたくない」というプレッシャーから、より強く危機感や不安を封じ込め、プロジェクトで失敗しないことを優先させていました。それが周囲から見ると、冷めた印象につながったのです。

Aさんに必要なことは、まず自分の「感情」を知り、同じようにメンバーの「感情」

を把握し、信頼関係をつくることでした。「感情」への配慮が欠けたことで、Ａさんの冷静さは「冷たさ」だけが伝わり、チームが機能しなくなったのです。

チームは「感情」でつまずく

ここまで、チームがうまく回らずに悩む４人のリーダーを紹介しました。

４人のリーダーがとった言動は、状況や相手によっては、プラスの効果につながるものだったのかもしれません。必ずしも４人の行動が間違いだったとは言えません。

しかし、４人とも大きなポイントを見落としています。それは自分とメンバーの「感情」に無頓着だったこと。それがマイナスに働きました。

リーダーシップやマネジメントについて、どんなにスキルを高めて優れたメソッドを実践してもうまくいかないたった一つの原因、それが「感情」です。

人間は「感情」の生き物です。たとえ職場で感情的に振る舞うことがなかったとしても、人間の行動や言葉を根底で突き動かしているのは「感情」です。誰しも、「感情」を無視して意思決定は下せないのです。

どんなにすばらしい方法でリーダー育成に取り組んでも、最先端のマネジメント手法を実践しても、チームがうまく回らないのは「感情」をおろそかにしているからです。

であれば、リーダー自身もメンバーに対しても、「感情」に敏感になることが何よりも大切なはずです。

自分が今、何を感じているのか。

メンバーは今、どんな気持ちでいるのか。

自分の「感情」と、メンバーの「感情」。

この2つに着目できるようになれば、チームビルディングやチームマネジメントでつまずくことはありません。それでは、始めましょう。

第2章

「感情」を活かせばチームは強くなる

本章では、「感情」がチームビルディングやチームマネジメントに及ぼす影響について、お伝えしていきます。

「感情」について説明する前に、まずは「チーム」について定義しておきましょう。

本書では、チームを「目的や目標を共有し、その達成に向けて協力しながら活動する集団のこと」と定義します。

実際には、チームなのに目的や目標が共有できておらず、個々のメンバーの気持ちがバラバラな状態で動いているケースもあります。そうしたチームはなかなか目標に到達できず、リーダーは悩みを抱えて試行錯誤を繰り返しています。

目標を達成するには、チームが掲げる「ありたい姿」を目指してチームビルディングを行うことが大切です。

チームビルディングのためにリーダーがとるべき行動は4種類。私はそれを略して「TEAM」という言葉で解説しています。簡単に説明しましょう。

◆Trust（信頼をつくる）

自分を開示して相手を理解することに努め、自分から相手を信じて心の距離を縮める

◆Empathy（共感をつくる）
傾聴力を発揮して相手の立場や状況、感情を理解して寄り添い、冷静に相手との距離感を調整する

◆Assertive（関係をつくる）
自分の主張をわかりやすく伝え、多様性を持って相手の意見を受容し、健全な議論ができる関係をつくる

◆Motivate（やる気をつくる）
相手の強みや特性を引き出して最大化し、その気になって目的達成に向かう気持ちづくりをする

これを見て、「それはわかっているよ」と思う人は多いと思います。言葉は多少違っても、「リーダー研修で受講した」「マネジメントのノウハウ本で読んだ」など、これらをすでに実践している人も大勢いるでしょう。しかし同時に、「TEAM」を実践しているのに、なかなかうまくいかないと嘆く声もよく聞きます。

なぜ、王道とも言えるマネジメント理論に従っても、うまくいかないのでしょうか。その原因を探ると、ある要素がすっぽり抜け落ちていることが多いのです。

大切なのは、「セルフ・アウェアネス＝Self-awareness（自己認識）」。リーダーが自分の特性を知り、それを活かせるようにすることです。

自己認識は、「TEAM」に基づくマネジメントを実践していくための土台となるもので、チームビルディングでリーダーが最初に行いたいことです。リーダーの自己認識力が、チーム全体に及ぼす影響は計り知れないものがあります。

「私は、どういう状態でいたいのか」
「私は、どんなことに心が動くのか」

リーダーシップに必要なTEAM

メンバーを巻き込み、自分らしいリーダーシップでTEAMをつくる

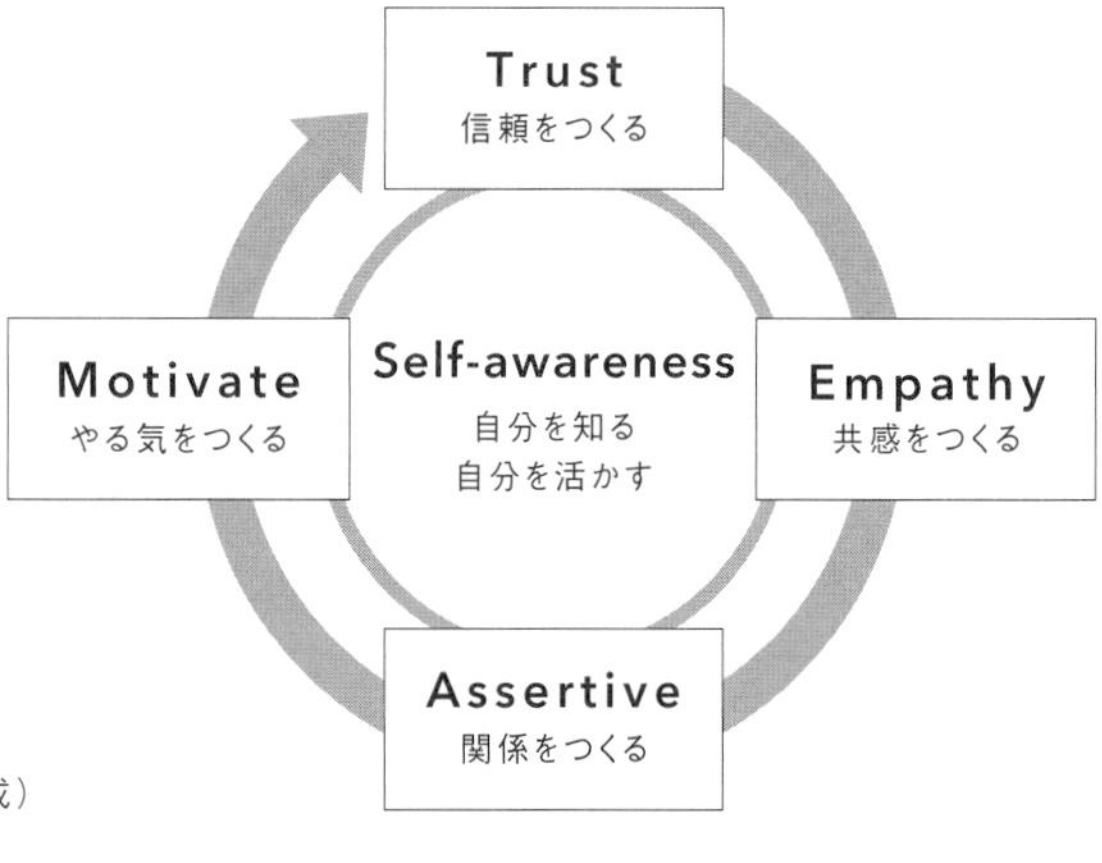

（著者作成）

「私がどんなことをすれば、メンバーに良い影響を与えられるのか」

「私がどんな気持ちでいると、メンバーに良い影響を発揮できるのか」

これらを知っていないと、想定外の出来事が起きたときや多様な価値観に直面したときに、リーダーの言動が一貫性を欠いてしまいます。それがメンバーを動揺させ、チームのまとまりが損なわれることにつながります。

感情の数は2185もある

会社の研修プログラムなどで自己分析や自己診断をしたことのある人も多いはずです。

通常、こうした診断の対象は、才能や強みを知ることが中心です。有名なのは、米国のギャラップ社が開発した自分の強みを発見するツール「ストレングスファインダー」でしょう。

キャリア開発において、こうしたツールを活用して自分の才能や強みを知ることは有意義です。それと同時に、チームビルディングにおいて注目すべきなのが、自分の「感情」です。

人間が抱く「感情」には、どのくらいの種類があると思いますか。

2017年、カリフォルニア大学のアラン・コーウェン氏が発表した論文によると、人間が抱く「感情」の数は、2185もあるそうです。

この調査では男女800人以上を被験者とし、グループに分けて数千の映像を見せた後に抱いた「感情」を報告してもらったそうです。

それまで、人間の基本感情は6種類程度（怒り、嫌悪、恐怖、喜び、悲しみ、驚き）と考えられてきましたが、この研究の結果、27の基本感情があることが導きだされました。

◆27の感情の分類

感嘆、敬愛、憧れ、楽しい、不安、畏怖、退屈、気まずい、同情、冷静、混乱、渇望、うっとり、嫌悪、共感、狂喜、羨望、興奮、恐れ、悲しい、恐怖、ワクワク、懐かしい、喜び、優越、満足、ムラムラ（性的興奮）

これらを組み合わせることで、2185の「感情」が生まれるのだそうです。

「感情」にこんなにもたくさんの種類があるとすると、例えばチームのメンバーが集まる会議で、全員がまったく同じ気持ちでいることはあり得ないわけです。全員で一つのテーマを議論し、課題や目的を共有したように見えても、実は一人ひとりが感じているものは異なっています。

リーダーが「プロジェクトは順調で、今日は天気がいい！」と上機嫌だったとしても、メンバーが同じような状態とは限りません。むしろメンバーは不安を抱いているかもしれないのです。

その上、ひと言で不安と言っても、たくさんの種類があります。自分の能力や知識不足に不安を感じる人もいれば、将来に対する不安を感じる人、あるいは人間関係に不安を抱く人もいます。

チームビルディングでメンバーの気持ちを束ねるには、「自分とメンバーの感情が違うこと」を認識し、メンバーを観察して、

不安にもさまざまな種類（度合い）がある

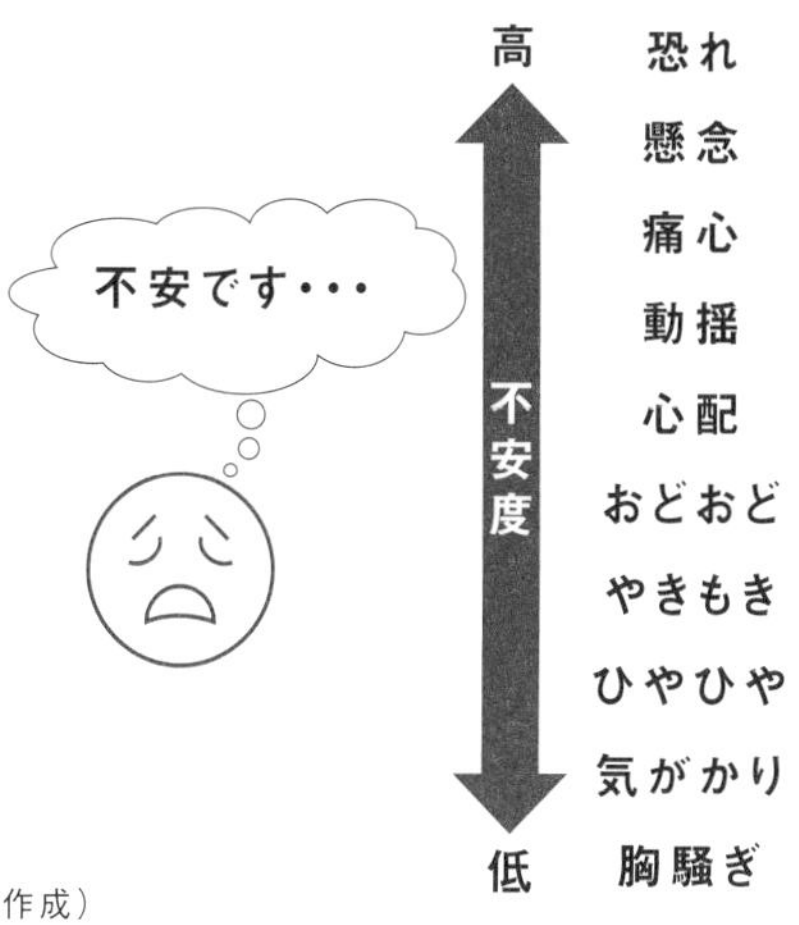

（著者作成）

時には声をかけてメンバーの状態を把握し、配慮ある言動を心がけることが大切です。

まずは「自分の感情」に向き合う

第一歩となるのは、まず「自分の感情」に向き合うことです。

例えば会議でプロジェクトの方針を決定した直後、自分はどんな気持ちなのかを客観視してみましょう。ワクワクしているのか、不安なのか、もしくはその両方が入り混じっているのか。あるいは失敗したくないという恐れを抱いているのかもしれません。

2185もある「感情」のうち、「今の私はどんな感情なのだろう」と、自分の気持ちに注目してください。

例を挙げてみましょう。

ある日、あなたが部下を厳しい言葉で叱責し、メンバーが落ち込んでいる姿を見て「少し言いすぎたかな」と反省したとします。その後の対処法は、「努めて明るく話しかける」「飲みに誘う」「他のメンバーにこっそり『フォローしておいて』と頼む」など、人それぞれだと思います。

しかしメンバーのことは気遣っても、「自分の感情」を意識していないリーダーがほとんどではないでしょうか。大切なのは、メンバーを気遣うのと同じように、「自分はなぜあんなに厳しい言葉をかけたのか」と考えてみることです。

その答えは、「配属されたときからそのメンバーに何となく嫌悪感を抱いていて、そのイライラが爆発してしまった」のかもしれませんし、「すごく期待していたのに結果を出さず、裏切られた気持ちで残念だった」のかもしれません。

そこからさらに一歩踏み込んで、「なぜ嫌悪感を抱くのか」「なぜ期待したのか」と考えていくと、自分の価値観や信念が浮き彫りになっていきます。

「自分の感情」を掘り下げていくと、それが過去の体験からもたらされていることに気づくこともあります。

例えば「部下に嫌悪感を抱くのは、子どもの頃に自分をいじめていた同級生とタイプが似ているからだ」とか、「自分は新人時代、こんなこともできないのかと言われた悔しさから奮起した経験があり、努力しないメンバーにいらだちを感じてしまう」といった理由があるのかもしれません。

人は、自分の価値観や信念のレンズを通して他者を見ています。

視力矯正メガネを作ったことがある人なら、検眼用のフレームをかけてレンズを入れ替えたり、重ねたりした経験があるでしょう。それと同じように、人は2枚、3枚と、いくつもの「感情」のレンズ越しに相手を見ているのです。

もちろん、何かあるたびに毎回、過去の「感情」まで掘り下げる必要はありません。それでも意識的に「なぜ自分はそう感じたのか」と自分を見つめる機会を設けてみましょう。

すると、「自分の感情」の傾向が少しずつわかってきます。ある刺激を受けたときに、自分はどんな「感情」を抱くのか。特定の「感情」を引き起こす原因が何なのかというパターンを知っていれば、「TEAM」を実践する際も、自分らしさを発揮しやすくなります。

自分の強さや弱さを感情面で理解して調整できるようになれば、チーム編成が変わっても、状況に応じて対処法を選べるようになります。

そうすれば、チームの規模やミッションにかかわらず、強いチームを築けるはずです。

「感情」こそ重要な経営資源

私が企業からの依頼でマネジャーやリーダーにコーチングを行う場合、よく「SELF」「TEAM」「BUSINESS」という3つのステップで進めていきます。

「SELF：自分自身をどう変えるのか」→「TEAM：それによってチームにどう影響を与えるのか」→「BUSINESS：ビジネスにどんな変化を生みだすのか」と進めていきます。実際、自分が変わったことでチームに与える影響が変わり、結果としてビジネスの成果につながったと実感するリーダーは少なくありません。

「感情は重要な経営資源である」

日本企業の風土には、古くから「職場に感情を持ち込んではいけない」「リーダーは感情に左右されてはならない」という意識が根づいています。

しかし私は、「感情」こそが、人の知性

感情が人を動かし、人が成果をつくる

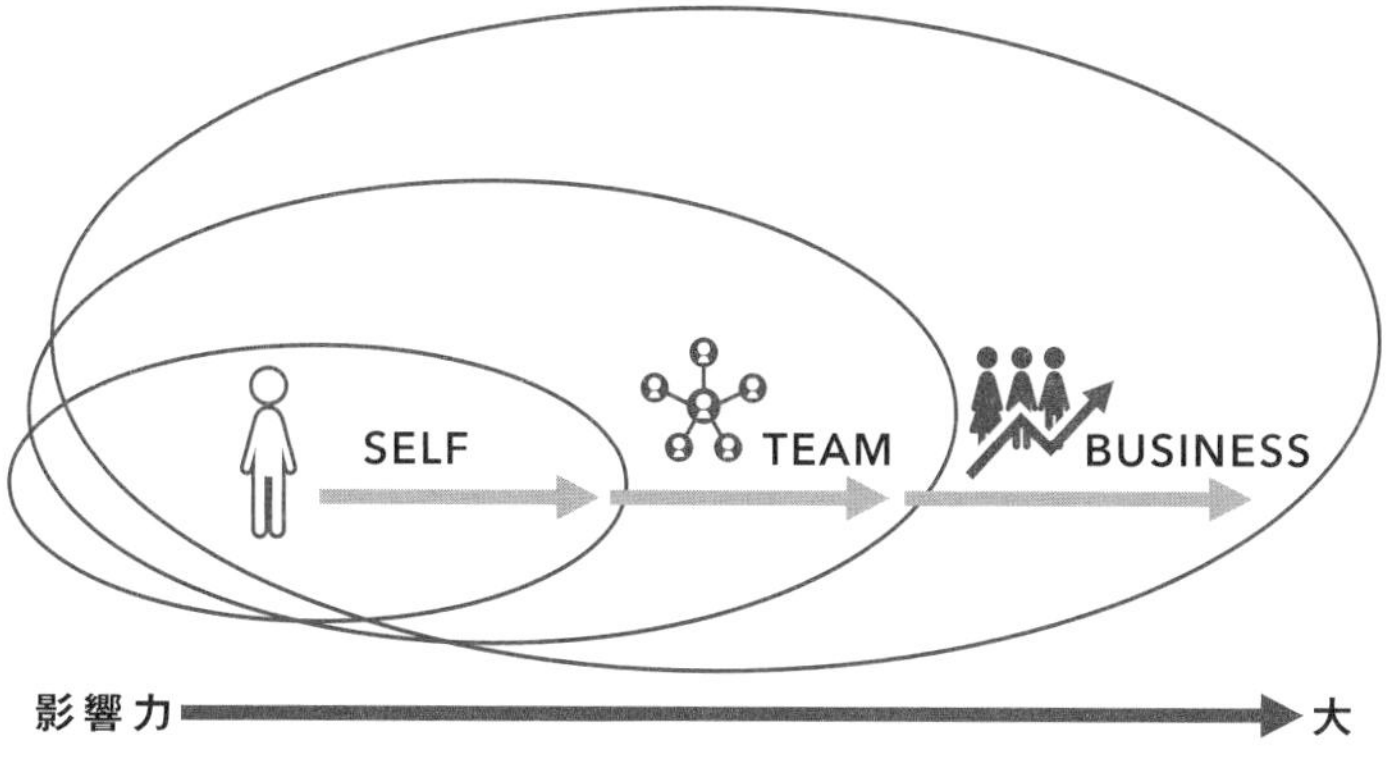

（著者作成）

を動かす原動力であると考えています。

これまで、会社は次のように運営されてきました。

✓大量生産・大量消費を土台に、良い製品やサービスを提供することを目指してきた
✓一つの製品やサービスを、できるだけ早く、大量に、正確に生産するために、トップダウン型の組織をつくり、チームは安定と統制を第一に管理された
✓メンバーに求められたのは、リーダーの指示に異を唱えず実行する従順さだった

これまでの世界で必要とされた能力は、正解のある問いに対して素早く適切な答えを導きだす力でした。

ところが時代が変わり、人々のニーズやビジネス環境は大きく変化しました。さらに2020年には、世界全体が新型コロナウイルスの脅威に立ち向かうことになりました。今、誰も予測できなかった世界を私たちは生きています。時代や環境の変化に合わせて、これからの組織運営に必要な観点も大きく変わっています。

では、これからの世界ではどのような能力が必要とされるのでしょうか。

✓大量生産・大量消費ではなく、多様な価値観への対応が求められる
✓多様な顧客ニーズに対応するため、協同・協働型の組織をつくり、現場で意思決定しな

がら行動するリーダーシップが主流になる

✓変化と協働を支える人材が求められ、ロジカルにメンバーに伝える力、多様な価値観に対応する力が必要になる

これらの要件を満たすために必要なのは、正解のない問いに対して自分の経験や「感情」を統合し、自ら行動して探求していく力です。

経営の世界では長らく「人が最大の資源である」と言われてきました。それは、きっとこれからも変わりません。しかし人をどのように活かすのかについては、いまだに曖昧なままです。

私は成果につながる行動の源泉は、「感情」にあると考えています。理論やスキルだけで対処できない課題を抱えたとき、「感情」に注目して活用することで、チームがうまく回りだすような事例を、私はこれまでにたくさん見てきました。

「感情」は、さまざまな状況判断や意思決定の原動力です。それは、重要な経営資源とも言えます。

「これまで」と「これから」のビジネスの世界

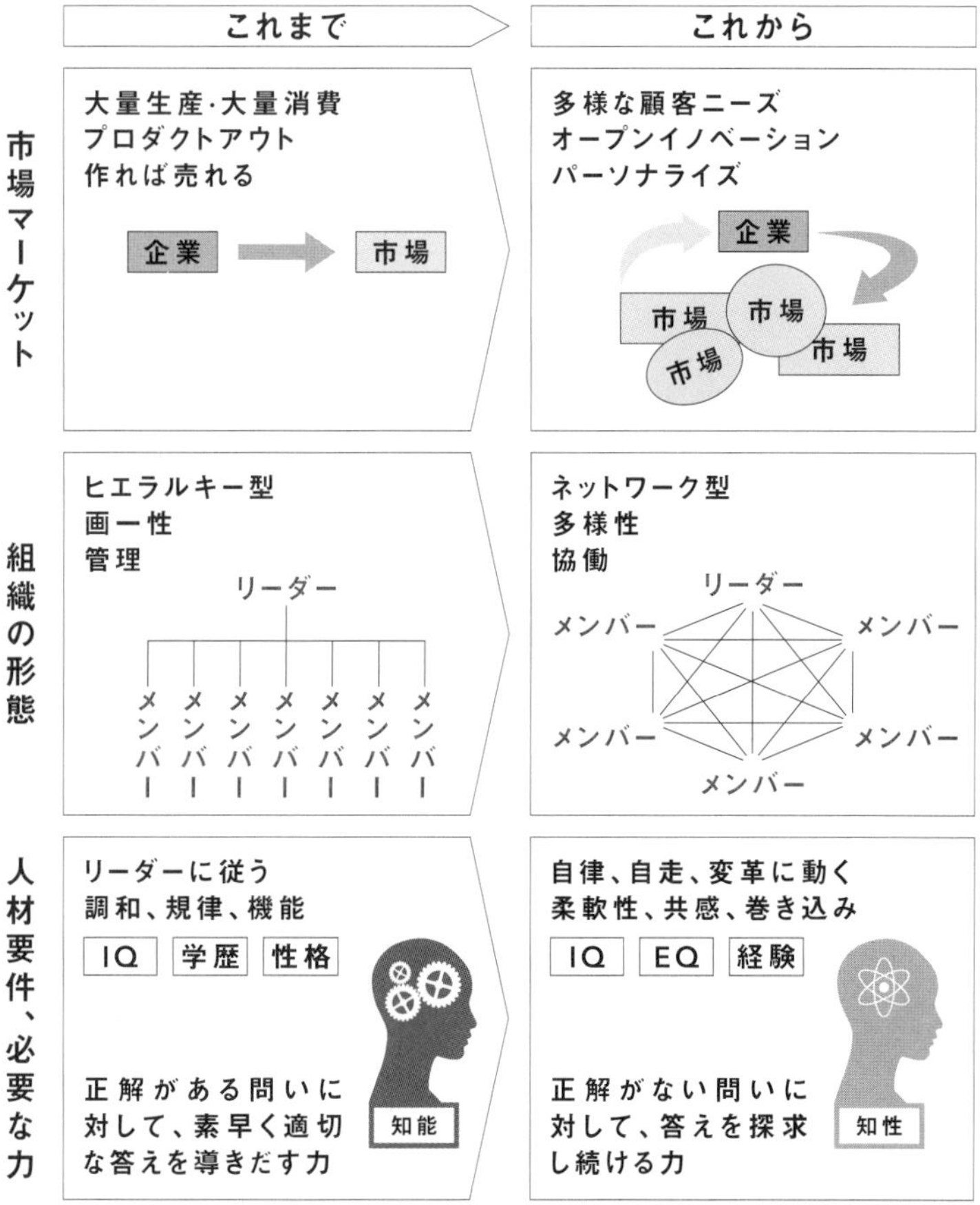

（著者作成）

世界で注目を集める「ＥＱ」

私が企業に対して人材開発や組織開発を行う際も、「感情」に注目した手法を取り入れています。「ＥＱ（感情知性）」を活用しているのです。

ＥＱとは「Emotional Intelligence Quotient」の略で、「自分の感情」や思考をマネジメントするとともに、「他人の感情」を適切に理解して働きかける能力を指します。

ＥＱが生まれたのは１９９０年代の米国でした。心理学者であるピーター・サロベイ博士とジョン・メイヤー博士が、「ＩＱ（Intelligence Quotient）や学歴が高くてもビジネスで成功していない人がいるのはなぜか」という問いを立て、調査研究を開始。「社会で成功している人は、セルフコントロールや対人関係能力に優れている」という理論を提唱しました。

これが世界に広がったのは１９９５年のこと。科学ジャーナリストのダニエル・ゴールマン氏が『Emotional Intelligence』を出版し、ベストセラーとなりました。

Emotional Intelligenceを略した「ＥＩ」が欧米での一般的呼称ですが、ニュース誌『TIME』がこの特集を組む際、「ＩＱ（知能指数）」と対比させるため、「ＥＱ」という言葉を使用し、１９９６年に日本で翻訳版が出版された折にも邦題のタイトルが『ＥＱこころの知能指数』とつけられました。これが日本国内でもベストセラーとなり、日本では「ＥＱ」として知られるようになりました。

誕生から20年以上が経ち、ＥＩは世界で再び注目されることになります。

２０１６年の世界経済フォーラム（ダボス会議）において、「２０２０年にビジネスパーソンに必要なスキルトップ10」が発表され、この6位にＥＩがランクインしました。『ハーバード・ビジネス・レビュー』も「ＥＩシリーズ」を展開。「幸福学」「共感力」「マインドフルネス」「レジリエンス」といったテーマの書籍を送り出しています。

ＥＩが再び注目された背景にあるのが、「ＶＵＣＡ（ブーカ）」の時代の到来です。

ＶＵＣＡとは Volatility（変動性）、Uncertainty（不確実性）、Complexity（複雑性）、Ambiguity（曖昧性）の略のこと。テクノロジーの進化が加速し、先の見通しを立てることが困難になったＶＵＣＡの時代には、ＥＱの力がより求められるという認識が広がっています。

私がどんな経緯で人材開発や組織開発にＥＱを取り入れるようになったのかは後ほど説明するとして、まずはＥＱがどういうものかを詳しく説明しましょう。

ＥＱを高める３つのステップ

ＥＱとは「自分の感情や思考をマネジメントするとともに、他人や周囲の感情を適切に理解し、働きかける能力のこと」です。私はＥＱを高めるプログラムにおいて、「知る」「選ぶ」「活かす」という３つのステップを踏んでいます。

それぞれ、具体的に何をするのか説明していきましょう。

（1）「知る」……自分と自分以外の人の「感情」を理解する

あなたは今日、どんな気分ですか？

「昨夜、家族と喧嘩をしてモヤモヤしている」

「お客さまから感謝のメールが届いてうれしい」

「仕事がはかどらず、ひやひやしている」

「週末に楽しみなイベントがあるのでワクワクしている」

このように、人の「感情」はちょっとした出来事に左右され、毎日揺れ動いています。

それなのに、他者から「元気？」「調子はどう？」と聞かれたら、「元気だよ」「うん、まぁまぁ」「普通」などと無難な受け答えをしているのではないでしょうか。

改めて自分の心に目を向け、その時々に抱いている「感情」を意識してみましょう。そして、その「感情」がどこから生まれてきているのか、なぜそう感じるのかを考えてみましょう。

「感情」は勝手に湧き出してくるものですし、時には大きな「感情」に押しつぶされて、小さな「感情」が埋もれてしまうこともあります。しかし、「感情」に丁寧に向き合ってみると、多くの情報を得ることができます。

自分はどんなときにどんな「感情」を抱くのか。その「感情」を抱くとどんな思考になり、どんな行動を起こすのか。

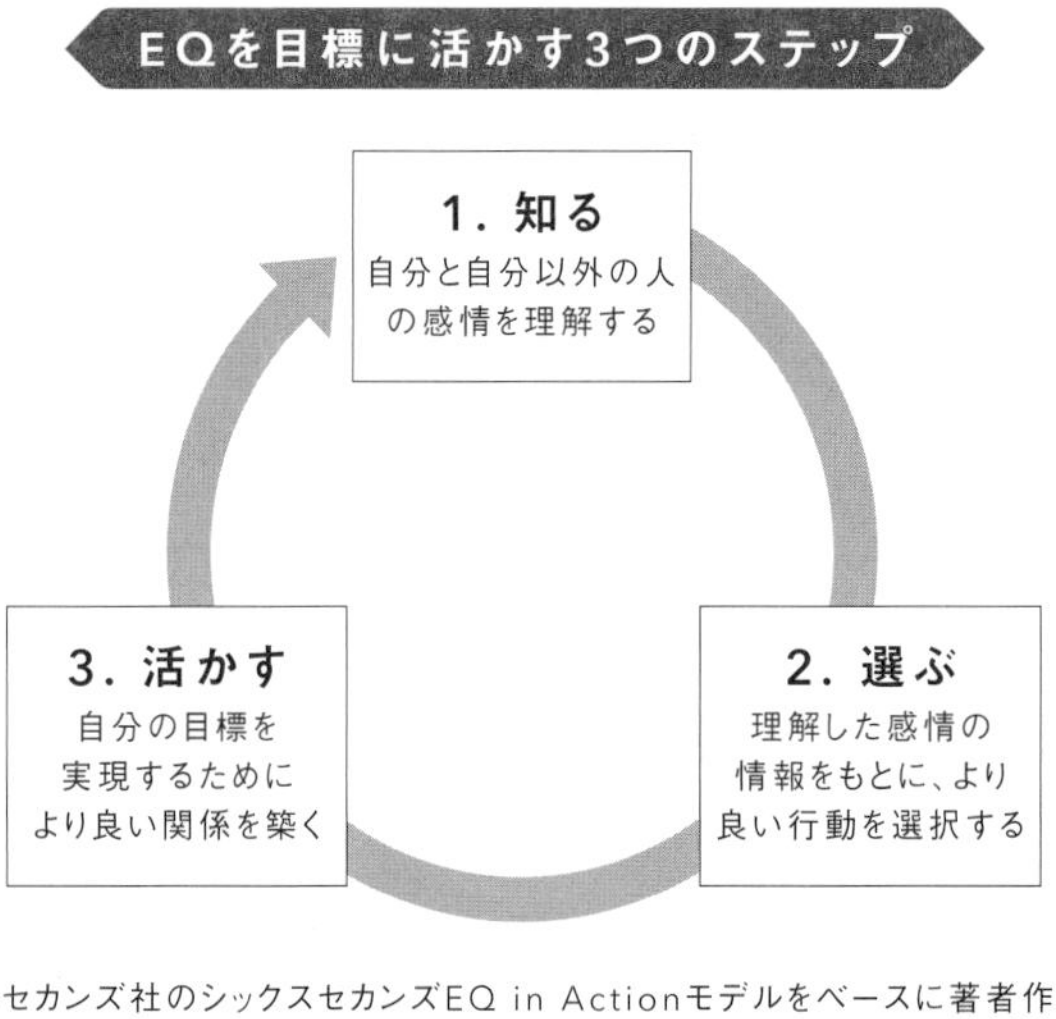

EQを目標に活かす3つのステップ
1. 知る
自分と自分以外の人の感情を理解する
2. 選ぶ
理解した感情の情報をもとに、より良い行動を選択する
3. 活かす
自分の目標を実現するためにより良い関係を築く

（注:シックスセカンズ社のシックスセカンズEQ in Actionモデルをベースに著者作成）

例えば不安を感じたとき、どんな行動を起こすのかは人それぞれです。仕事が手につかなくなる人もいれば、逆にがむしゃらに働いて気を紛らわせようとする人もいます。無口になって自分の世界に閉じこもる人もいれば、誰かに会っておしゃべりをしたくなる人もいるでしょう。食欲がなくなる人、食べすぎてしまう人など、反応は人それぞれです。

そして、こうした「感情」が引き起こした行動は周囲の人にも影響を与えます。だからこそ、「自分の感情」と思考のパターンに気づくことが大切なのです。

自分が関わる人たちも、ちょっとした出来事で日々刻々と「感情」が変わり、その「感情」によって行動していることを意識してみましょう。

(2)「選ぶ」……理解した「感情」の情報をもとに、より良い行動を選択する

人間は、大きな「感情」に押しつぶされそうになったとき、冷静になるためにあえて一人になったり、相手に理解してもらうためにあえて「感情」を露わにしたりと、それぞれの方法で気持ちを表現しています。

しかし、「自分の感情」を認識していないと表現や行動の選択が雑になってしまいます。

例えば、こんな場面を想像してみてください。

あなたは苦労して作成したプレゼン資料を上司に見せています。仕上がりには自信があったのに、上司はそれをほめることなく、細かなミスや不足点を指摘してきました。あなたは黙り込み、後半はまともに聞く気にもならずにいらだちを募らせます。

席に戻っても、すぐに修正作業にとりかかる気にならず、「もともと上司は自分を評価していないんだ」「どんな資料を作ってもどうせダメ出しされるんだ」と、心の中でネガティブな気持ちを増幅させてしまいます。上司の指摘には的確な部分もあったのに、素直に受け取れずに投げやりな気分になってしまいました。

そのタイミングで後輩が相談を持ちかけてきました。すると思わず、「前にも同じことを言っただろ！」とキツイ言葉で対応してしまいました。

あなたを慕っている後輩は、明らかに動揺した様子で、「すみません……」と席に戻り、しばらく放心状態で書類を眺めていました。オフィスには気まずい空気が漂い、メンバー全員が無口になってしまいました。

後輩との関係やチームの雰囲気がネガティブになることなど、望んでいなかったはずです。この場面でどのように「感情」をコントロールすれば良かったのでしょうか。

例えば上司の指摘を聞いているとき、「今、自分はイライラしているな」と自分の「感情」を認識でき、さらに「このまま指摘が続けばイライラがさらに強くなり、投げやりな気分になるだろう」と事前にわかったとします。

すると、イライラの上昇を止めて、自分を落ち着かせるようなことをするはずです。メモすることによって冷静さを保つこともできるでしょうし、「今、指摘をいただいた視点は抜けていたので、それを踏まえて全体を見直します」と告げて席に戻ることもできます。あるいは「この資料を作る目的は何か」「この資料の完成度が高まると、自分やチームにどんなメリットがあるのか」などと原点に戻って考えることで、冷静さを取り戻す手もあります。

自分の「感情」を知ってコントロールする方法をとれば、上司への不信感を膨らませたり、イライラした気持ちで後輩に八つ当たりをするなどの行動を抑えることができます。もちろん、チーム全体の雰囲気を悪くする結果も避けることができるでしょう。

この例では、上司からのダメ出しにイライラしたケースを取り上げましたが、ダメ出しを受けたときの反応も人それぞれです。上司に怒りや不信の「感情」が向く人もいれば、自分に対して自信喪失やみじめさの「感情」を向ける人もいるでしょう。

自分が抱きがちな「感情」の傾向やその時々の自分の「感情」を意識して判断することで、次に同じようなことが起きたときに、適切な行動に移れるようになります。

このような形で自分の「感情」をマネジメントできるようになれば、行動の選択肢を増やすこともできるはずです。素直な「感情」にフタをして我慢するのではなく、「こんな感情だから、こうしてみよう」と判断できます。

まずは「自分の感情」を受け入れ、それを建設的に活用するように意識しましょう。

(3)「活かす」……自分の目標を実現するためにより良い関係を築く

「自分の感情」を認識し、それに応じて適切な行動を選ぶことで、目標達成やより良い人間関係の構築につながっていきます。

先ほどの例で説明しましょう。「自分の感情」に気づいたなら、次は上司はどう感じていたかと、「相手の感情」に目を向けてみるのです。

上司は上司で、さらに上の上長から業績へのプレッシャーをかけられて焦りを感じていたのかもしれません。もしくはあなたが成果を上げられるようにと使命感を抱いていたのかもしれません。はたまた、あなたのいらだった表情を見て、上司にもイライラが伝染してほめる気持ちが失せたのかもしれません。

「自分の感情」を認識してマネジメントできるようになると、「相手の感情」にも同じように思いを巡らせることができるようになります。すると、適切なコミュニケーションがとれたり、信頼関係を築けたりと、人間関係にもプラスに影響するのです。

それによって、自分の行動に認識にズレが生じなくなり、目標達成への道をまっすぐに歩むことができるようになります。

このように、ＥＱとは「自分の感情」を受け止め、自分のありたい姿や他者とどんな関係性を築きたいかに合わせて行動を変えられる力を養うものです。誰もが持っている「感情」を「知性」として活かすことを目指すもの、とも言えるでしょう。

ＥＱは後天的に開発することができます。読み書きを身につけるのと同じように、トレーニングによって磨き、高めることができるのです。

私は普段、ＥＱをチームビルディングやプロジェクトマネジメント、キャリア開

すべての行動は感情から始まる

EQとは自分の感情や思考をマネジメントするとともに、他人や周囲の感情を適切に理解し、働きかけることで成果やありたい姿に向ける能力のこと

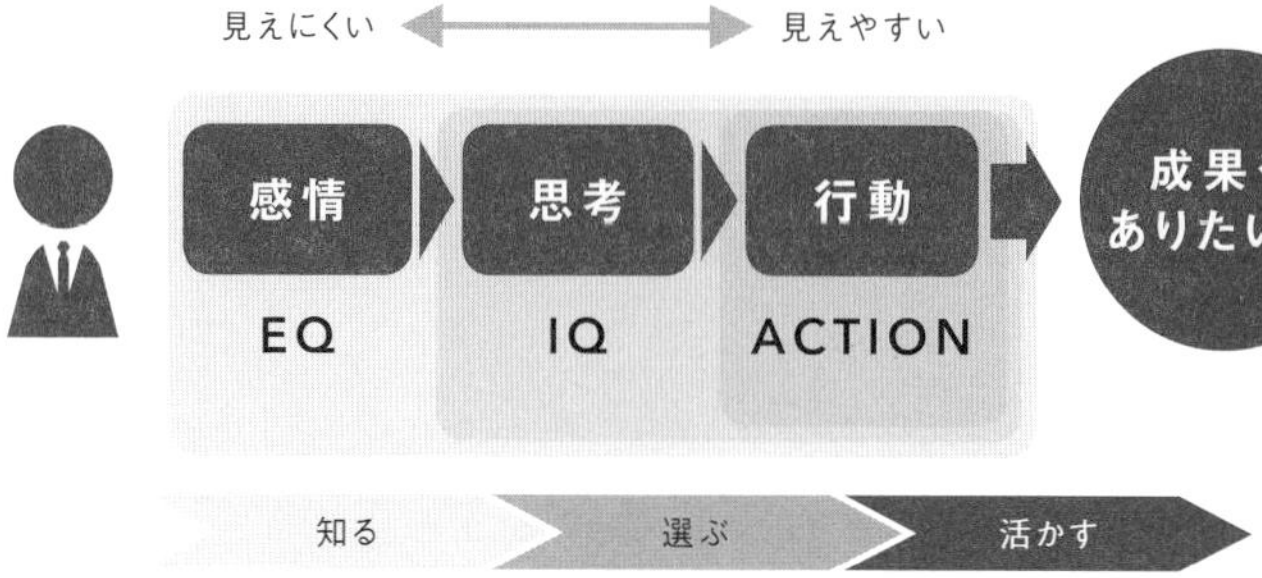

（著者作成）

発などに活用しているほか、リーダーシップ研修などでもＥＱの要素を取り入れたプログラムを実施しています。

企業コンサルティングの場でＥＱの話を進めていくと、「ＩＱよりもＥＱですよね」と、ＩＱを軽視する人もいます。

しかし、ＩＱは情報を的確に収集して課題を解決する能力。ビジネスは事実と市場の需要と供給に沿って進めていくものなので、ＩＱも重要な力であることに変わりありません。

ただ、これまではあまりにもＩＱだけに偏っていました。そこにＥＱという新しい力を加えることで、一人ひとりが抱く「感情」にフタをすることなく活かせるようになる。それがＥＱの正しい活用方法です。

画一的な思考や一律の行動を求めず、現場にいるそれぞれの人が、「自分の感情」を活かすこと。それによって個々が満足感や達成感を抱きながら、周囲を巻き込んで目標達成することを目指しています。

うまく回るチームと回らないチームの違い

私は複数の外資系企業で人事担当を務めた後、2006年に人材開発や組織開発のコンサルタントとして独立しました。2010年からはクライアント企業に提供するサービスにEQの要素を取り入れるようになりました。

ここで、なぜ私がEQを広めようと考えるようになったのか、EQとの出会いで私の仕事や人生がどう変化したのかをお伝えしたいと思います。

私がEQと初めて出会ったのは、外資系企業で人事を務めていた頃のこと。先ほど触れたダニエル・ゴールマン氏の『EQ　こころの知能指数』がベストセラーとなり、私も読んでみました。しかし当時は「大切なことだけれど、優先順位は高くないな」「こういうものもあるのか」といった程度の感想で終わっていました。

EQとの再会は、それから10年以上を経た2007年のこと。独立した直後で、人材開発や組織開発のコンサルタントとして、クライアントの大手企業に入ってダイバーシティ推進や組織風土の改革のプロジェクトマネジメントを行っていたときのことでした。

そこで、私はあることで頭を悩ませていたのです。クライアント企業は複数あり、それぞれの企業の人事、経営企画、事業統括などの部門に所属する人と一緒に進めていました。どのクライアントも業界トップ企業であるだけに、メンバーのみなさんはとても優秀です。学歴も高く、教養や知性のレベルも十分に高い。それなのに、プロジェクトがうまく運ぶケースとそうではないケースがあったのです。

いずれの企業も目標までのプロセスや手法はほぼ同じ。遂行するメンバーの知的レベルもほぼ同じ。それなのに、どうして成果に差が生まれるのか不思議でなりませんでした。

そんなとき、書店で偶然「ＥＱ」という言葉と再開しました。それは、日本におけるＥＱ理論の第一人者である高山直氏の著書『ＥＱこころの鍛え方』。「ＥＱはひと昔前にはやったな」と手にとり、パラパラとめくって、「今、私が抱えている課題を解決してくれるものだ」とすぐに直感しました。

本を読み終え、翌日には高山氏の事務所に電話をかけていました。「ＥＱを学ばせてください」。こうして高山氏が主宰するＥＱセミナーを受講し、抱えていた疑問への解を見いだしたのです。

「ＥＱを自然に発揮しているリーダー、あるいはこの理論を知って意図的に活用しているリーダーが統括するプロジェクトチームには一体感があり、メンバーそれぞれが主体的に取り組んでいる」

私はさらに深く学びたいと考え、ＥＱトレーナーの資格を取得しました。

ＥＱの効果を肌で感じた

ただ、それでも当初はクライアント企業に対して、ＥＱの導入を勧めることはありませんでした。

学んだ内容は学術的な内容も多く、ビジネスの現場ではなかなか受け入れられないだろうと考えたからです。有効性はわかっていたけれど、クライアント企業の現場に導入できるような具体的なプログラムを考える自信もありませんでした。

クライアント企業に初めてＥＱ活用を提案する機会が訪れたのは、それから4〜5年が経った頃のことでした。

ある外資系の大手製薬会社で、年初のキックオフファシリテーターを務める機会がありました。私は「未来新聞を自分たちでつくる」というワークショップを企画しました。

そこで、コールセンター部門が「コンテストで3年後に日本一になる」という目標を立てていました。後日、この部門の部長から「未来新聞で立てた目標をぜひ実現したい。相談に乗ってもらえないか」とご連絡をいただきました。

詳しく話を聞くと、「コールセンター業務に関わる研修は、知識から応答態度まであらゆるものをやり尽くした」とのこと。しかし、さまざまな業種のコールセンターが集まって競う電話応対コンテストで、その会社はいつも2位止まりなのだそうです。「とても悔しい。どうしてもナンバーワンになる目標を達成したい」という部長の思いを聞き、支援させていただこうと思いました。

その会社にコンサルティングに入り、課題を探って目を留めたのが、「お客さまの声」でした。コールセンターの対応に関する感想や意見に目を通す中で、あるコメントが引っかかりました。

「電話を受けている方々は丁寧で正確な情報を伝えてくれるけれど、人間味がない」

すぐに、「これがポイントか」と感じました。

人間味のある対応とはどういうものなのでしょうか。そこで思い浮かんだのが、EQでした。

ここで初めてEQトレーニングを導入しました。すると、わずか1年で結果が出たのです。EQプログラムを開始した翌年には、コンテストで念願の1位を獲得。さらにその翌年も別のコンテストで1位になりました。

この会社でEQトレーニングが効果を発揮した一例を紹介します。

コールセンターでオペレーターを務めるAさんは、EQプログラムを通じて、相手の言葉だけでなく、声や間の取り方、話のスピードにも「感情」が表れると学びました。

これをベースに、「自分の感情」に加えて声や口調から聞き取れる「お客さまの感情」を記録する習慣をつけたのです。その結果、「自分の感情」の揺れに気づくようになった上に、「お客さまの感情」のありか（怒っているようで実は不安、悲しい、期待がある、など）を読み取ることができるようになり、お客さまとの関係が向上しました。

Aさんはこの発見を他のメンバーにも共有。部内全体で電話応対の質が高まり、「コンテスト1位」という成果につながったのです。

この経験を通じて、私はEQの効果を確信しました。それ以降、研修専門会社などの協力を得て、EQを活用した人材開発や組織開発のプログラムを展開するようになりました。

「あのとき、これを知っていれば」

私がEQの有用性を確信しているのは、導入した企業で成功事例が生まれたからだけではありません。私自身の仕事や生活にも、プラスの変化が起きたのです。

初めてEQを学んだとき、私は会社員時代にチームのマネジメントでつまずいていたことを思い出しました。当時の私は、「メンバーの感情」に意識を向けていませんでした。

私は昔から比較的ものわかりが良く、要領のいい子どもでした。そのまま大人になり、会社に入ってからも上司の期待に応えるような振る舞いをしていました。

しかし20代後半になり、チームを任されるようになると、要領の良さだけでは切り抜けることができなくなってきました。

部下との向き合い方もわからないままリーダーになった私は、上から降ってくる目標をそのままメンバーに伝えて担当業務を切り分けていきました。優秀なメンバーばかりだったので、すべきことを示すだけですぐに動いてくれました。

ただ、私のマネジメントには強引なところもありました。メンバーの気持ちやペースを考えずに仕事を振っていましたし、会社が突然、方針転換しても、「会社が言うんだから仕方ない」とさしたる説明もせず、方向転換をそのままメンバーに押しつけていたのです。

当時はそれが私の役割だし、チームで成果を上げるにはそれで十分だと思っていました。

そんなある日、面談中にいきなりある男性のメンバーが涙をこぼしました。

「僕は、池照さんみたいにはできません」

予想もしなかった彼の姿に、私はとても驚きました。これまで、私は彼にいじわるをしたこともなければ、責めたこともありません。

突然の涙に驚いた私は、その衝撃を受け止めきれませんでした。他の人がいない中での出来事ですから、「彼の名誉のために私の胸の内に留めておこう」「メンバーを泣かせるダメなリーダーだと思われたくない」といった気持ちが湧き上がり、周囲の人や上長に相談することもありませんでした。

本来、「彼はなぜ泣いたのか」と向き合い、考えるべきだったのでしょう。しかし私は、彼の涙が気になりながらも、結局は見て見ぬふりをしたのです。

私はもともと人に対して距離をとるようなところがありました。忙しさを言い訳に、仕事中の自分の表情を観察することも避けていました。「自分はきっと楽しそうではないな」とは思っていましたが、自分の様子も見て見ぬふりをしていたのです。

その一件の後、しばらくして彼が他部署に異動したときは正直、ホッとした自分がいました。

ＥＱを学んだとき、久しぶりにその彼を思い出して、「ひどいリーダーだったな」と反省しました。

もし私があの頃にＥＱを学んでいたら、メンバーの表情や変化に気づき、「自分の感情」を起点に何をするか考え、実際に行動して、より良い関係が築けていたかもしれません。

人事の仕事をしていると、職場は人間関係の問題であふれていることを痛感します。互いの気持ちや主張がすれ違い、時にはハラスメントに発展したりもします。解雇する、しないの問題になることもありました。

当時は「なぜ、こんな問題ばかりが起こるのか」と疑問に思いながらも、当事者の「感情」に目を向けることなく、ただ目の前の問題に対処していました。すべてを解決できるわけでもなく、「そういうものだ」と割り切って対処していたように感じます。

しかしＥＱを学んで、人間関係の原因は、リーダーが「自分の感情」に気づかずにいることや、リーダーが「メンバーの感情」に目を向けなかったことにあると気づいたのです。それこそが、人間関係がこじれる一番の理由です。

メンバーへの向き合い方が変わった

ＥＱを学んだ後、私は過去を振り返って反省すると同時に、協業中のメンバーへの向き合い方も変えていきました。

私が代表を務めるアイズプラスは、社員は私一人だけ。あとは全員が業務委託という関係でチームを構成する独立したプロフェッショナルの集合体です。プロジェクトごとにメンバーを編成し、私が中心となってメンバー同士をつないでいるような組織形態です。

このマネジメントにEQを活かし始めると、瞬く間にチームの人間関係が変わっていきました。

まずは自己開示。私はもともと自己開示が苦手でした。それまでは、状況さえ伝えれば相手は察するだろうから、あえて自分の気持ちまで伝える必要はないと考えていました。仕事では、ビジネスの目標や顧客の状況といったデータを共有すれば、仲間はそれぞれプロフェッショナルなのだから、後は個々で判断できると考えていたのです。

しかしEQを知ってからは、チームで状況を共有する際もまずは「自分がどう感じているか」から伝えることを意識するようになりました。気持ちという定性情報から入り、データなどの定量情報を議論するのです。例えば、こんなふうにしています。

「今朝の私の状態からお伝えします。昨夜は資料作りが終わらずに遅くまで仕事をしていたので、寝不足でエネルギーはやや低い状態です。ですが、朝起きたらいいアイデアが浮かんできました。おかげでとってもワクワクした状態です。今日はこのアイデアについてみなさんと議論をして、さらに良くしていきたいと思っています。さてクライアントから要望があり、……」

自分の体調、気持ち、現在の状況を先に伝えることで、メンバーは私の状態が理解できます。これがなければ、私はただ寝不足で不機嫌な状態、または新しいアイデアを話したくて他人の話を待てない状態に見えるでしょう。

人は、想像以上に目の前の人の前の機嫌や状況、態度や言動に影響を受けるものです。

私が体調や気持ちを先に伝えてから定量的な情報交換に入ることで、メンバーの反応も変化しました。それぞれが自分の気持ちや状態を話すようになり、仕事を始める前に互いの状況を理解できるようになったのです。具合が悪く、サポートが必要なら遠慮せずに声をかけられますし、メンバーが自分から「ここを助けてほしい」と気楽に言えるようにもなりました。

会議の締めくくりにも、進捗状況や今後のスケジュールを共有するだけでなく、意識的に自分の気持ちを伝えるようになりました。

「以前から楽しみにしていましたが、もっと気持ちが前向きになりワクワクしています」
「私たちの取り組みがお客さまに大きな価値を提供できると考えると興奮します」

このように正直な気持ちを伝えると、メンバーの気持ちも大きく変わっていきました。目標に向けて気持ちが一つになる効果がありましたし、メンバーの「私もワクワクしています」「うまくできるか不安もありますが楽しみです」といった素直なリアクションからそれぞれの気持ちを察することができるようになりました。こうした言葉は、その後のケアやマネジメントにも活かせます。

家庭でも役に立つEQ

EQの知識は、家庭のマネジメントにも大きな効果を発揮しました。

EQを学んだ当時、私は幼い子どもを育てながら働いていました。忙しかった夫は、子育てや家事に十分に関わっていると感じられず、私は「自分ばかりがやっている」という不満をため込み、時に「感情」が爆発してしまうこともありました。

EQを学んだ後は、自分と夫の気持ちにも向き合うようになりました。どんなときに夫の表情が明るくなったりモチベーションが上がったりするのかを観察し、夫のことを改めて知ることを意識したのです。

すると、夫も育児や家事に協力したいと考えていることがわかりました。

しかし、それと私が夫に「これくらいはしてほしい」と期待する気持ちにはギャップがありました。それこそが問題なのだと認識できたのです。

当時、私は仕事ではリーダーシップを発揮してチームを率いていましたから、それと同じように、家庭でも自分がリーダーシップをとると決めました。家庭生活を一つのプロジェクトと考えて自分がリーダーを務め、夫というメンバーを信頼し、戦力として活かそうと考えたのです。

そのときから私たち夫婦の対話は、不満のぶつけ合いから課題解決に向けた相談へと変化しました。勝手に相手に期待しては失望する関係から、自分の意思と気持ちを伝えて一緒に解決する関係へと変化していきました。

子どもとの向き合い方もＥＱを学んで変わりました。

親子の関係は、リーダーとメンバーの関係にも共通するところがあります。私がどのように子どもの気持ちに向き合い、どんな効果を得たのかは、後ほどお伝えします。

ＥＱを土台にして「感情」をマネジメントすることは、チームマネジメントやチームビルディングに極めて有効である。

そう確信した私は、ＥＱ実践ノウハウの開発にのめり込んでいきました。

自分と他者の多様な「感情」を理解すれば、誰しも一人ひとりが異なる個人であることが理解できるようになります。

ＥＱを軸に一人ひとりの「感情」に着目して活かすことができれば、これは大きな戦力になります。ＥＱのスキルを高めて「感情」をマネジメントし、チームの課題を解決できるようにもなるのです。

そのためには、まず自分と仲間の「感情」を知ることから。次の章からは具体的な方法を紹介します。

第3章

「自分の感情」を知る

突然ですが、子どもの頃を思い出してみてください。

小学校の授業で、「あなたは今、どんな気持ちですか」と聞かれたことはありましたか。「何をしているの？」「何を考えているの？」とは聞かれても、「どう感じているの？」と聞かれたことは、ほとんどなかったはずです。

私の子ども時代を振り返っても同じです。

先生は主に子どもの態度を見ているので、どんなにつまらなく感じていても、表面的な態度を行儀よくしていれば、とがめられることはありませんでした。そのうち「自分の感情」に注意を払わず、表面的な体裁を整える姿勢が自然に身についた人は多いと思います。

日本には、公の場で「感情」を表に出すのは恥ずかしいことだと考える傾向があります。「感情的」という言葉は、どこかネガティブなイメージで捉えられていますし、「感情」を隠して冷静に振る舞うことが大人であるという意識が根づいています。

しかし、「感情的になること」と「自分の感情を認識すること」はまったく別ものです。

それなのに、感情的になってはいけないという刷り込みが強く、自分がどう感じているかという、「自分の感情」を知ることまで封じ込めてしまう人がとても多いのです。

社会人になれば、その傾向はさらに強まります。

多くの場合、会社の定める「こうあるべき」「こうすべき」という方針に基づいて行動することが求められ、評価が下されます。社員の主体性を重んじる会社なら「あなたはどう考えているか」と問われることはあるでしょうが、「あなたはどう感じているか」と問われることはあまりありません。むしろ個人の「感情」に踏み込んでいくのは、ハラスメントになり得ると考えるビジネスパーソンも多いようです。

こうして日本では、多くの人は「自分の感情」に気づく機会を与えられないまま大人になっていきます。そして社会人になり、組織の中でポジションが上がるほど、さらに強固に「自分の感情」にフタをしてしまうのです。

誰かを助ける前に、自分を助けよう

「メンバーが悩みを抱えているので、解決してあげたい」

私は普段、リーダー育成などの研修を手がけているので、こんな相談をよく受けます。部下や同僚、配偶者や家族など、大変な思いをしている誰かを助けるためにＥＱを学びたいというのです。

そんな方々に、私はまずこう問いかけます。

「あなた自身はいかがですか?」

誰かを助けようと、必死で考えたり知識を得たりする本人が、「こうあるべき」「こうしないといけない」と、自分が勝手に設けた枠やバイアスにとらわれていることもあります。他者のことばかりに目を向けて、自身の姿をかえりみず、苦しさやモヤモヤに気づかずにいることもあります。

「自分の感情」もわからないのに、「他人の感情」に共感することはできません。

第1章で1on1がムダな時間になっているケースを取り上げましたが、1on1を苦手だと感じているリーダーも多いようです。面談相手であるメンバーの気持ちがわからず、ぎくしゃくした空気になっていることもあるのでしょう。

リーダーにとってもメンバーにとっても不幸な1on1となるのは、リーダー自身が感情喪失の状態に陥っているケースが多いからです。

リーダーが自分の気持ちをわかっていない状態でメンバーと対話したところで、メンバーの気持ちが理解できるわけがありません。

だからこそ、リーダーはまずは「自分の感情」に向き合うことが大切なのです。

私がそう考えるようになったのは、過去には私も自分と向き合わず、いつも誰かに「何かをしてあげなくては」「助けなくては」と気負っていたからです。メンバーを助けることを優先し、自分のことを後回しにしている姿に勝手に美徳を感じていたりもしました。

しかし、感情喪失の状態で人に向き合っても良い結果は生まれません。

「感情」には次のような特徴があります。この特徴を理解せず、人に接しているリーダーがたくさんいます。

（1）「感情」は標準装備

「感情」は、誰もが抱く標準装備なのに、「自分の感情」はないものとして扱っている

（2）「感情」は無意識に湧くこともあれば、意識してつくることもできる

「感情」は制御しようとしても湧いてしまうものなのに、自分には「感情」の揺れがないと思っている。また「感情」は意識して仕向けることでつくることもできるのに、それが実行できないと思っている

（3）「感情」は伝播する

「感情」は伝播するものなのに、「自分の感情」にフタをしていれば周囲に伝わることは

ないと思い込んでいる

(4)「感情」は複雑で多様

「感情」の種類は２１８５もあって複雑なものなのに、みんなが自分と同じ「感情」であると勝手に決めつけることがある。「自分の感情」を把握するのはそんなに簡単なことではないという事実を知らないまま他人と接している

「感情」の特徴を知って「自分の感情」を把握することは、人と接する際の誠意でもあります。

まずは「自分の感情」と向き合って、自分の心の声を聞くこと。それが相手の心の声を聞き、受け止めるための第一歩です。

どんなに「自分の感情」にフタをしたと思っても、周囲には伝わってしまうものです。それを理解せずに隠しているつもりで人と接するからうまくいかないのです。「自分の感情」の変化に気づかないまま人と接していると、思わぬ刺激を受けたときに自分でも想定外の反応をして、自分を制御できなくなることがあります。

飛行機に乗ると、緊急時の対応を説明するビデオが流れますが、そこでもまずは自分が

酸素マスクを着用し、それから周囲の人の酸素マスクの装着を手助けするような手順が示されています。これと同じことです。

まずは自分に向き合って「自分の感情」を知り、整えること。それがチームマネジメントやチームビルディングの最初の一歩です。

「楽しくない」を「楽しむ」に持っていく

私はセミナーや研修などで、目的やテーマに応じたEQ開発のプログラムを提供していますが、共通するのは「自分を知る」ことからスタートして、「自分をマネジメントする」ことに進んでいくことです。

自分を知るの演習では、自分の心身の健康状態を認識し、グループで共有します（このときに使用するツールは後ほど紹介します）。

✓心……気持ち・感情（フィーリング）の状態
✓身……体調・熱量（エネルギー）の状態

「どんな状態のときに自分は成果が出せるのか、出せないのか」「どんな状態のときに自分はハッピーでいられるのか、いられないのか」を把握しておくことは大切です。それが働く動機の再認識や自己肯定につながります。リーダーともなれば、その言動や機嫌はチームに大きな影響を与えます。

これまで私は、100以上の組織でこのワークショップを実施していますが、5人のグループでも200人のセミナーでも、参加者の「感情」の状態はそれぞれ異なります。「同じ組織の人が、同じ時間に、同じことをしても、一人ひとりの気持ちはこんなにも違うのか」と毎回、驚かされます。

同じ人でもその日の体調や起きたときの気分、最近あった出来事や抱えている心配事など、日によっても「感情」は変わります。それどころか一日の中でも「感情」は揺れ動きます。それを自己認識することが大切なのです。

その上で、「自分の感情をマネジメントする」とは、「自分の感情」を適切に動かしていくことになります。どんな「感情」なら自分と周囲がいい状態になるのかを考えて、そこに持っていくのです。

例えば、このように調整していきます。

「厄介なプロジェクトで憂うつだな」→「だけど、この時間を有意義に過ごしたいから、楽しむことにしよう」

これが、「感情マネジメント」ができている状態です。「このプロジェクトは楽しい」という素直な感情認知とは別の、「楽しむ」という自分のありたい姿にもっていく意思のある行動が伴います。

厄介なプロジェクトを前にしたとき、メンバーの気持ちを鼓舞するために明るく振る舞い、ポジティブな言葉を発するリーダーは多いでしょう。そうした理想的なリーダー像を演じることはできても、そこに「自分の感情」が伴っていなければ、かえって自分を疲れさせてしまいます。

「自分の感情」にフタをするのではなく、気持ちを受け止めた上で良い方向に動かしていきましょう。「楽しい」「楽しくない」など、まずは素の「自分の感情」を受け止めて、「楽しむ」などのありたい方向へ意図的に動かしていくのです。

そんな「感情マネジメント」を身につけると、自分がラクになり、周囲の人にもいい影響を与えられるようになります。

心理的安全性の有無も「リーダーの感情」次第

外資系企業などは、セルフマネジメント力を高めるリーダー研修に力を入れています。ここで人気のあるテーマの一つが、「心理的安全性の向上」です。

心理的安全性とは、メンバーが他者の反応に恐怖や不安、恥ずかしさなどを感じることなく、安心して自分の考えや気持ちをオープンに話せる状態のこと。2012年、米国グーグルのリサーチチームが、「心理的安全性を高めることでチームのパフォーマンスが向上する」と発表して以来、組織マネジメントのキーワードとして注目されています。

例えば、メンバーが仕事中にちょっとした違和感を覚え、勇気を出してリーダーに伝えたとします。そのときにリーダーが「忙しいんだから、そんなことは気にしなくていい」という素っ気ない対応をしたら、おそらくメンバーは再びリーダーに違和感を伝えようとは思わないでしょう。

リーダーは、たまたまそのとき不機嫌でそんな対応をしたのかもしれません。しかし、進言したメンバーが「リーダーの感情」を知らなければ、「せっかく言ったのに叱られた」という印象しか残りません。

本来は、メンバーが抱く小さな違和感の中にリスクが潜んでいたり、課題解決のヒントがあったりするものです。しかしこのリーダーは、それに気づく機会をみすみす失ってしまったのです。

心理的安全性が高いチームとは、メンバーが抱いたちょっとした違和感や変化に対する気づきを、「このチームならバカにされずに受け入れてもらえる。話をしても大丈夫」という安心感の下で伝えることのできるチームです。

チームが心理的に安全な状態を保てるかどうかは、リーダーの機嫌次第です。つまりリーダーの「感情マネジメント」力を育てることが大切なのです。

「感情」が引き起こす行動パターンを知る

「自分の感情」を自覚し、「自分の感情」が引き起こす行動のパターンを知っておくことも大切です。あるとき、知人女性がこんな話をしていました。

「会議が終わった後で同席していた同僚に『さっきはかなり怒っていましたね』と言われて驚きました。確かに怒っていたけれど、みんなの前で怒りを出さなかったのに。『どうして私が怒っていると思ったの？』と聞いたら、『○○さんは怒ったら言葉遣いが急に丁寧になるから』と言うんです。私は怒りがそんな形で表れるのだと初めて知りました。もしかしたら、私の怒りを察知し、この場から早く逃れたいと思っていたメンバーもいたかもしれません」

自分は怒ると言葉遣いが丁寧になる。怒りによって引き起こされる行動パターンを知った彼女は、会議などの場で自分の言葉遣いが丁寧になってきたら、「少し休憩を入れましょうか」と提案したり、「この件はいったん持ち帰らせてください」と申し出たりして、「感情」をうまくマネジメントするようになったそうです。

「自分の感情」とそれに伴う言動のクセを理解できるようになると、突発的に湧き上がる「感情」にも冷静に対処することができます。「今の自分の感情をどうすればいいか」と客観的に捉え、状況に応じて適切な行動を選択することができるからです。

私が知るリーダーの例を挙げると、イライラしているときは「あえて一人でランチに行く」「オフィスの近くに自分の隠れ家（カフェなど）を持っておき、心を落ち着ける」といった行動をとっています。こうして不安定になった「感情」を落ち着かせ、良いパフォーマンスが出せる状態に自分を戻していくのです。

特にマネジメントするのが難しいのが怒りです。以前、こんなことがありました。大手食品メーカーで集団食中毒事件が発生したとき、記者会見の打ち切りに抗議した記者に対して社長が、「私は寝てないんだ！」と強い口調で反論しました。

社長のその姿はメディアで繰り返し流され、世間から猛烈なバッシングを受けました。自分のいらだちをマネジメントできず、言動を選択できなかった事例の一つです。

「感情」をマネジメントできるリーダーは、自分が怒っていると感じると、メンバーの立場や気持ち、メンバーとの関係性、協業する目的などを踏まえて、「自分の感情」の出し方や言葉のかけ方を判断します。

怒りを見せず、穏やかに語るほうが丸く収まることもあれば、あえて「自分は怒っている」と伝えることで、メンバーの理解や反省を促すこともあるでしょう。相手とより良い関係を保ち、目標を達成するには、「感情」の伝え方も選べるようになることが大切です。

「感情」の暴走がハラスメントを生む

私は人事コンサルタントとして、ハラスメントに関する相談もよく受けます。ハラスメントが起きるのも、「感情マネジメント」の欠如によるケースが多いと感じます。

ある企業で、マネジャーが部下からハラスメントで訴えられる案件が起こりました。そのマネジャーはとても頭のいい人で、部下とのコミュニケーションや信頼関係の構築に関する研修プログラムも数多く受け、本人はそれを「実践している」と言います。

しかし部下はそのマネジャーを極度に恐れ、出社できなくなるほど精神的に追い詰められたのです。

よくよく話を聞いてみると、そのマネジャーは頭の回転が速い分、何でも明快な答えを出さなければ気がすまない性分でした。部下のペースが自分より遅かったり、迷うことが多かったりすると、「君は仕事ができない」と評価していたのです。

この人の場合、自分とはペースの異なる人や自分とは悩むポイントが異なる人に対していらだつという自分の傾向を認識し、自分と他者とは違う存在であることや、自分にできることが他者にもできるとは限らないという多様性を受け入れる観点が欠けていました。

もし、このマネジャーが部下のペースを理解し、一緒に解決策を考えるなどの時間を取っていれば、ハラスメントの問題まで発展することはなかったのかもしれません。部下の成長を促すこともできたはずです。

上司と部下という明確な上下関係がある以上、上司の「感情」や評価は、部下の気持ちを高めることもあれば、落ち込ませることもあります。だからこそ、リーダーは「自分の感情」をマネジメントするべきなのです。
それではここからは、「自分の感情」を知るための方法をお伝えしましょう。

「自分の感情」を知る方法

私が経営するアイズプラスのビジネスパートナーでもある世界最大のEQグローバルネットワーク、シックスセカンズ社の国際比較データを見ると、「日本人は感情に関する知識や自己認識が低い」という結果が出ています。

本章の冒頭でも触れたように、日本ではビジネスに「感情」を持ち込まないことが良しとされてきました。公の場で感情的な表現を用いるのはタブーとされ、「感情」にフタをしたまま働く人が多いことも影響しているでしょう。

いきなり「あなたの感情を表現してください」と言われても、戸惑う人は多いはずです。「自分の感情」を表現するには、次のような問いかけを参考にしながら、言葉にしてみてください。

✓快／不快

✓好き／嫌い
✓喜怒哀楽のどれに近いか
✓同じ「感情」でも濃淡や幅はあるか

しつこいようですが、「自分の感情」をマネジメントするには、まず「自分の感情」を知ることが第一歩です。「自分の感情」を自覚して言葉にする具体的な方法を、7つ紹介します。

（1）「感情日記」をつける

「自分の感情」に気づくためにオススメしているのが「感情日記」です。その名の通り、日々の「自分の感情」を記録していくのです。

方法の一つとして「ＴＥＤ」方式を紹介します。

ノートに3つの欄を作り、次の項目を日記のように記入してください。手書きよりも、パソコンやスマートフォンで入力するほうが続けやすいなら、エクセルシートや日記アプリを活用してもいいでしょう。

T……起こった出来事（Thing〈S〉happened）

例）経営会議に初めて参加した

E……感情（Emotion）

例）緊張したが、普段は見ないリーダーの様子が観察できておもしろかった

D……自分との対話／思考（Dialogue）

例）「最終目的は何か」という視点の重要性に気づいた。自分にはこの視点が欠けていた

Eの「感情」を言葉で表現するのが難しい場合は、「快／不快」「好き／嫌い」や気持ちを絵文字で表してもいいでしょう。

感情日記「TED」

Things happened 起こった出来事	Emotion 感情	Dialogue 自分との対話/思考

（著者作成、次のURLからダウンロードできます。https://is-plus.jp/download）

（2）自分の好きなものをリストにする

いきなり「感情」を書きだすのが難しいなら、自分の好きなものやことを書きだしてください。好きな食べ物、好きな場所、好きな色、好きな音楽、好きな仕事（作業）など、自分を主語にして「好き」を書きだすことはそれほど難しくないはずです。

これによって、自分が何に対して「好き」という気持ちを抱くのかを知ることができます。

同様に、他者にこの質問をすることで、その人が何を好きかを知ることができます。

優秀な営業パーソンの中には、顧客の好きなものを把握しておく人が多いといいます。それは、顧客のことを知るためです。

自分に対しても、何が好きなのかをリス

好きなものボックス

好きな食べ物	好きな場所	好きな色
好きな時間	好きな国	好きな音楽
好きな仕事	好きな休みの過ごし方	好きなにおい

（著者作成、次のURLからダウンロードできます。https://is-plus.jp/download）

トにしていけば自分を知ることができます。

(3)「ムードメーター」で自分の気分を言語化する

私が普段から活用していて、セミナーなどでも紹介しているツールの一つに、「ムードメーター(MOOD METER)」があります。米国イェール大学の感情知性センターで開発されたもので、「MOOD＝気分」「METER＝モノサシ」ですから、ムードメーターとは「今の気分のモノサシ」です。

「フィーリング」と「エネルギー」のレベルをそれぞれ10段階で表し、それぞれの階層が交わったマス目に、「感情」のワードが記されています。

例えば、「フィーリング4×エネルギー4」だと「Sad(悲しい)」、「フィーリング8×エネルギー8」だと「Excited(興奮した)」などです。

ムードメーターの使い方で大切なことは次の通りです。

✓自分の主観のモノサシを使う(人と比べない)
✓今の気分を言語化して自分の状態を認める
✓朝と夕方など、時間によって気分が変化することを認識する

Surprised 驚いている	Upbeat 陽気	Festive お祭り気分	Exhilarated ウキウキする	Ecstatic 有頂天
Hyper 興奮状態	Cheerful 愉快	Motivated やる気がある	Inspired 触発された	Elated 大喜び
Energized 精力的	Lively 生き生きとした	Excited 興奮した	Optimistic 楽観的	Enthusiastic 熱狂的
Pleased うれしい	Focused 集中	Happy 幸せ	Proud 誇りに思う	Thrilled （興奮で） ぞくぞくする
Pleasant 快適	Joyful 楽しい	Hopeful 希望に満ちた	Playful 遊び心のある	Blissful 至福
At Ease 気楽	Easygoing のんびり	Content 満足している	Loving 愛情のある	Fulfilled 充実している
Calm 穏やか	Secure 安心している	Satisfied 満ち足りている	Grateful ありがたい	Touched 感動する
Relaxed リラックスしている	Chill ゆっくりする	Restful 心が休まる	Blessed 恵まれている	Balanced バランスがとれている
Mellow 落ち着いている	Thoughtful 思いにふける	Peaceful 平然とした	Comfortable 心地良い	Carefree のんき
Sleepy 眠たい	Complacent 無関心	Tranquil 冷静	Cozy くつろいでいる	Serene 平穏
6	7	8	9	10

Pleasant

自分の感情に向き合う「ムードメーター」

High

エネルギー

Low

10	Engaged 忙しい	Panicked うろたえる	Stressed ストレスが強い	Jittery 神経質	Shocked 衝撃的
9	Livid 激怒	Furious 青ざめる	Frustrated 落胆した	Tense 張り詰めた	Stunned あ然とする
8	Fuming 怒りで爆発する	Frightened おびえる	Angry 怒り	Nervous 神経が高ぶる	Restless 落ち着かない
7	Anxious 気が気でない・緊張	Apprehensive 危惧する	Worried 心配する	Imitated うわついた	Annoyed イライラする
6	Repulsed 嫌悪感を抱く	Troubled 当惑する･困る	Concerned 憂慮する	Uneasy そわそわする	Peeved もどかしい
5	Disgusted うんざりする	Glum ふさぎこむ	Disappointed 期待を裏切られた	Down 落ち込む	Apathetic 無感情
4	Pessimistic 悲観的	Morose 気難しい	Discouraged 気を落とす	Sad 悲しい	Bored つまらない
3	Alienated 疎外される	Miserable 悲惨	Lonely 孤独	Disheartened がっかりする	Tired 疲れている
2	Despondent しょげ返った	Depressed 意気消沈	Sullen 不機嫌	Exhausted 疲労困憊	Fatigued 疲労･倦怠感
1	Despairing 絶望	Hopeless 望みがない	Desolate みじめ	Spent 失望する	Drained 疲れ切っている
	1	2	3	4	5

Unpleasant　　フィーリング

（出所：http://ei.yale.edu/ Yale Center for Emotional Intelligence, Marc Brackett's Mood Meter 資料からアイズプラスが編集して日本語版を作成、次のURLからダウンロードできます。https://is-plus.jp/download）

✓フィーリングもエネルギーも自分でコントロールできることを認識する

ある日の私のムードメーターの活用例を紹介しましょう。

朝、起きると窓の外から鳥の鳴き声が聞こえて幸せな気分、フィーリングレベルは10点中8点。よく眠れたけれど、昨日は運動をしすぎて筋肉痛があるから、エネルギーレベルは10点中7点。8点と7点の場所を調べると「Happy（幸せ）」となります。

ムードメーターは「これがあなたの感情だ」と決めつけるものではなく、あくまで参考にするものです。「Happyと言われると本当にHappyな気がするから、今日はこのままいこう！」。もちろん、表内の言葉で決めつける必要はなく、それを参考に自分の気持ちを言葉にしてもかまいません。

このムードメーターは、私の経営するアイズプラスで日本語版を作成しています。

「自分の感情」を言葉で表現するのは想像以上に難しいものです。

ですからムードメーターで点数をつけて自分のフィーリングとエネルギーのレベルを認識していくのです。毎朝チェックすれば「自分の感情」に目を向ける習慣ができます。

点数をつけるだけではなく、「なぜこの点数なのか」についても考えてみましょう。

「朝食を家族と一緒に食べたからフィーリングが高い」といったように、「自分の感情」がどんなことに左右されるのか、それが自分でコントロールできることなのかを認識できます。

私は、スタッフとのミーティングでも、まずは全員で自分のムードメーターのレベルとその理由を発表することから始めています。「今朝の私はフィーリング8、エネルギー5です。なぜなら◯◯だからです」と伝えているのです。

これを繰り返していると、人によってスケールの感覚がずいぶん異なることも実感します。スケールは10段階もあるのに、いつも3〜6の人、いつも8〜9の人、あるいは1〜10までまんべんなく使う人、それぞれの個性が出てきます。

私は、いつも5以上ばかりつけていました。「リーダーたるもの、フィーリングとエネルギーが5以下に落ちてはならない」といった思い込みと見栄があることを自分で気づきました。この見栄っぱりな部分を自己開示すると、メンバーとの心の距離が近づいたように感じています。

このように、ムードメーターは自分の状態を知るだけでなく、点数のつけ方から自分の特性や変化が見えることもあります。

「いつも9点をつけているけれど、今日は10点。じゃあ9点と10点の違いは何か」「昨日は10点だったのに、今日は3点に落ちている。ここまで自分が落ち込んでいる原因は何か」と考えるようになると、新しい気づきも生まれます。「天気が違うだけで自分の感情はここまで変わるのか」といった発見もあったりします。

ムードメーターを作成したイェール大学では、このツールを主に教師に向けて提供しています。多様な人種や価値観、民族が混在する米国では、一人ひとりの学生の違いを認め、多様な学生に対してクラス運営をすることが不可欠です。ムードメーターはそこに役立っています。現在は、教師だけでなく、小学生もムードメーターを使って「自分の感情」と向き合い、発信する訓練をしているそうです。

(4)「To Be リスト」で「感情を予約」する

私は、毎朝起きると「感情の予約」をします。

私はそれほど精神的に安定しているタイプではありません。身の回りで起こるいろいろな出来事にすぐ動揺してしまいます。それによって思ったように行動できないことや、本来の力を発揮できないことがあり、ずっともどかしく感じていました。

そんな私がＥＱを学んで気づいたのは、周囲でどんなことが起きようと、「自分の感情」だけは誰にも侵されないということです。それに気づいてからは、あらかじめ「自分の感情」を予約するようになりました。

例えば、その日にミーティングの予定が入っているなら、「どんな気持ちでこのミーティングに向かおうかな」「ミーティングが終わったときにどんな気持ちでいようかな」と事前に考えておくのです。

みなさん、仕事の現場では毎日、「○時に顧客とのアポ」「○時から会議」といった「To Doリスト」を確認していると思います。このとき、「To Doリスト」に加えて「To Beリスト」を作成するのです。

その日に「何をするか」だけでなく、その日に「どうあるか」、つまりはどんな気持ちで過ごすのかを決めておくのです。

これを習慣化してから、私は以前のように細かなことで気持ちが揺れることがなくなりました。わけもわからず不機嫌でいることもほとんどなくなりました。

「感情の予約」は、いわば心の免疫力を高める予防接種。鬱々とした気分になりがちな人や自分に自信がない人、新たなチャレンジをする勇気が持てない人などは、日々意識してこれを実践することで、心の免疫力を高められます。

どのように「感情の予約」をするか、もう少し詳しく紹介しましょう。

朝起きたら、今日起こる出来事やお会いする方々の顔を思い浮かべます。そして、その相手とどのような関係を築きたいのか、自分がどうありたいのかをイメージし、今日これから「自分の感情」を予約します。

「今日は管理職向けの講演だ。落ち着いて、明るい表情でいよう」
「今日の会議はもめるかもしれない。穏やかな笑顔で話をしよう」
「今日は苦手な仕事相手とミーティング。相手に興味を持ち、前向きにいよう」

私たちは一日にさまざまな人と会い、その人とのやりとりを通じてポジティブな影響もネガティブな影響も受けています。しかし、もっとも強い影響を受けているのは「自分の感情」です。

同じことを経験しても、ある人はポジティブに受け取り、ある人はネガティブに受け取り、ある人はまったく違う「感情」を抱いたりします。この違いは、本人の「感情」の持ちようにあります。そして「自分の感情」は誰にも邪魔されません。

その日に直面するのがもめそうな会議であっても、苦手な相手との打ち合わせであっても、そこにあるのは「自分の感情」であり、それはコントロールできます。

だからこそ、毎日自分に「どうありたいのか」と問いかけ、「感情」を予約するのです。

(5) 鏡を見る

「自分の感情」に向き合うきっかけとして、意識的に鏡を見ることもオススメです。

ある女性は私たちの提供するEQワークショップに参加した後、オフィスでトイレに行くたびに鏡で自分の顔を見るようになったそうです。それまでは、化粧直しはしても、自分の表情までは確認していなかったそうです。

しかし、鏡を見ながら「自分の感情」を知ろうと意識するようになって、自分がどのように変わったかをこう教えてくれました。

「鏡を見るようになってから、自分を意識して大切にしている感覚を持てるようになりました。すると以前よりイライラする時間が減っていきました」

働く女性が職場のトイレに行く回数を調べた調査によると、一日3~5回の人が最多だそうです。一日3~5回というのは、自分を見つめ直すのにちょうどいい頻度ではないでしょうか。コロナ禍以降、在宅ワークになった人もトイレに行ったら必ず鏡を見るように習慣づけるといいかもしれません。

あるいはデスクの上に鏡を置き、折に触れて見るのも一つの方法です。

実際、コールセンターのオペレーター業務などでは、デスクに鏡を置いている人が多くいます。たとえ声だけのコミュニケーションでも、笑顔かそうでないかで声のトーンはまったく違います。ネガティブな気分になったときも、鏡を通して自分の表情を確認して気分を切り替える、という効果もあるようです。

(6) 空白の時間をつくる

「やって良かった」と好評な方法の一つが、空白の時間をつくることです。

社会人として日々忙しく仕事をし、家では家庭人としての役割を担うようになると、意外に自分と向き合う時間がとれなくなります。

通勤やランチの時間に物理的に一人でいても、次の予定や仕事の締め切りなどで頭の中には常に「To Doリスト」があるのではないでしょうか。

そこで、あえてスケジュールに空白の時間を設けて、自分の頭の中を空っぽにします。

私のオススメは、週に1度など、定期的に自然を感じる場所で自分だけの時間を持つことです。山でも、海でも、川でも、公園でもかまいません。自然の中で自分の五感を解放し、頭の中を空っぽにして無の時間をとることで感性を豊かにするのです。

最近では「マインドフルネス」という言葉をよく耳にします。このマインドフルネスを実践し、「今、この瞬間」に集中することもオススメです。難しいことを考えず、ただ歩いたり、ただ座ったり、ただぼーっとしたりするだけでいいのです。

すると、そのうち自分の頭の中にさまざまな「感情」が湧いてきます。そうしたらその「感情」と向き合ってみましょう。もし何も浮かばなければ、空っぽな頭の中で何が始まるのかを観察してみてください。

まとまった時間がとれないなら、一日の中で3分でも5分でもかまいません。無になる時間をつくってみましょう。

動き続けていた頭と心をいったんリセットすることで、ただただ情報を詰め込み続けるよりも、より質の高い成果を生みだせるようになります。

なかなか自分で空白の時間がつくれない人は、タイマーなどを設定してもいいでしょう。私は「禅音《ぜんおと》」というアプリを使っています。禅寺で使われる鐘、楽器、お経などの音が流れ、瞑想や癒やし、集中などに効果的です。

（7）「自分の感情」を口に出す

「自分の感情」に気づくには、まずは自分の気持ちを知ることから。特に、「自分の感情」を口にすることをこれまで避けてきた人にオススメです。

「感情」を口にすることで誰かを傷つけるなら控えるべきでしょうが、そうでないなら一日のうち1回でも2回でもいいので、「あ〜、どきどきする」「それはうれしい！」など、「自分の感情」を口に出してみてください。

自分の気持ちに気づくことができるのはもちろんのこと、周囲の人にもあなたの気持ちを知ってもらうことができます。

最初は、「自分の感情」を言葉にするのも難しいものです。ゼロから言葉にするのが難しいなら、今の自分はどんな気持ちに一番近いのかという言葉を探すことからスタートしましょう。

２０１６年、チベット仏教の指導者であり、行政府の国家元首でもあるダライ・ラマ14世は、「感情」に関する研究を行った米国の心理学者ポール・エクマン氏らとともに、人間の「感情」を5つのカテゴリーに分類しました。左ページに5つの基本感情の言葉を書きだしてみましたので、参考にしてください。

「感情」を表す言葉

楽しみ	嫌気	悲しみ	恐れ	怒り
喜び	退屈	悲観的	おびえる	攻撃する
歓喜	つまらない	わびしい	落ち着かない	憎しみ
安心	うざい	落胆	怖い	腹立たしい
平穏	むかつく	残念	恐れる	あ然とする
幸福感	嫌悪	孤独感	心配する	イライラする
満足感	復讐心	みじめ	面食らう	神経が高ぶる
うれしい	モヤモヤする	寂しい	驚き	激怒
ワクワク	不機嫌	むなしい	青ざめる	キレる
有頂天	期待を裏切られた	つらい	当惑する	カッとなる
陽気	ふさぎこむ	悲惨	うろたえる	投げやり
愉快	うんざり	意気消沈	危惧する	不愉快
希望に満ちる	もどかしい	みじめ	怖じ気づく	失望する
ウキウキ	そわそわする	ふさぎこむ	おっかない	鬱憤がたまる
至福	反感	不幸	脅威	憤り

（注：ポール・エクマン、ダライ・ラマ14世のAtlas of Emotionを参考に著者作成）

ここまで、「自分の感情」を知る方法を紹介しました。

これらをすべて実践する必要はありません。自分に合った方法や自分が続けられそうな方法で、「自分の感情」に向き合ってみてください。

「感情マネジメント」の6つの効果

「自分の感情」をマネジメントできるようになれば、さまざまなメリットが生まれます。代表的な6つの効果を挙げてみましょう。

（1）ストレスマネジメント

ストレスを抱えると人の生産性は低下するため、適切にマネジメントする必要があります。例えば、会議が多いことがストレスになっていて、減らすことができないなら、「疲れた」という気持ちにフタをするのではなく、「自分は疲れている」と認めて、疲れを癒やす行動を選択するといいでしょう。リーダーが自分の疲れに気づかず、または疲れに気づかないふりを重ねていると、やがては心身を病んでしまいます。メンバーも心身の疲れを口に出せないチームになってしまい危険です。

(2) レジリエンスの強化

「レジリエンス」とは困難や逆境からの回復力を指します。強い力で押されてへこんだ状態からどのように元に戻っていくのか、その方法はさまざまです。落ち込んだら、「友人に助けてもらう」「旅行などで気分を変える」「一人で閉じこもって立ち直る」など、いろいろな選択ができます。「感情マネジメント」力が高まれば、たとえ落ち込んでも、そのままいるのではなく、元に戻す方法を何種類か自分で用意することができるようになります。自分のレジリエンスが理解できれば、メンバーのレジリエンス強化の支援にもつながります。

(3) アンガーマネジメント

「アンガーマネジメント」とは怒りと上手に付き合う方法のことです。怒らないのではなく、怒る必要があれば上手に怒り、怒る必要がなければ怒らずに済むようにすることを目標としています。怒りを感じたとき、自分が何に怒っているのかをきちんと把握して伝えることができれば、意外と仲間の共感が得られます。怒りを抑えなければならないと考えているリーダーも多いようですが、大切なのはリーダーもメンバーも、それぞれが適切な形で怒りを表現することです。

（4）自己肯定感の向上

ネガティブな「感情」を認めることも大切です。その上で、ネガティブな「感情」に振り回されなければ自己肯定感を高く保つことができます。また、「あるべき姿」と「自分の本当の感情」のギャップに悩む人も多いようです。例えば「自社製品を好きであるべきなのに、実は好きになれない」ということもあります。そんなときも「あるべき姿」に執着せず、まずは「自分の素直な感情」を認めることで自己肯定感が高まっていきます。

（5）チームのモチベーションマネジメント

職場では、時にネガティブな言葉が飛び交います。そんなシーンでも、リーダーが自分の気持ちを適切にマネジメントし、ポジティブな言葉を選んでメンバーに語りかけていけば、チーム全体のモチベーションの維持・向上につながります。それを実践するには、リーダーに自信や自己信頼感が必要になります。そして、それも「感情マネジメント」の訓練を重ねることで得られるのです。

（6）アファーメーションマネジメント

「アファーメーション」とは自分に対して肯定的な宣言をすることです。宣言を通して、自分が描く「ありたい姿」へ近づいていくことができます。

102ページにあるように、私は毎朝、「自分の感情」を予約することで、その日をどんな気分で過ごしたいのか調整していると説明しました。どんなに難しい局面でも、「自分の感情」は誰にも邪魔されることがありません。「もし今日の会議がもめたとしても、感謝の気持ちを持って心は穏やかでいよう」と口に出して宣言するのです。すると、宣言した気持ちで対応できるようになります。

「自分の感情」を知り、主観を持とう

「日本の幸福度は世界で62位」


これは、国連のSDSN（持続可能な開発ソリューション・ネットワーク）が毎年3月20日の「国際幸福デー」に発表する「世界幸福度ランキング」の2020年版の結果です。

初めて発表された2012年、日本のランキングは44位でした。それ以降、後退を続けて、2018年には54位、2019年には58位、そして2020年には62位まで落ち込みました。これは先進国の中でも最低のレベルです。

世界幸福度ランキングは、「1人当たりのGDP（国内総生産）」「社会的支援」「平均健康寿命」「人生における選択の自由度」「個々人の寛容度」「社会の腐敗度」と、6つの項目を中心に算出されています。このうち、日本は「1人当たりのGDP」や「平均健康寿命」などの客観的指標は高順位なのに、「人生における選択の自由度」「個々人の寛容度」といった主観的な指標では低順位になっています。つまり、日本人は主観的に感じる幸せに乏しいということです。

さらには若年層の自殺率の高さにおいても、日本は先進国の中で突出しています。

コロナ禍によって人々の幸福度は下がっているというデータがありますが、今回紹介したデータはいずれもコロナ禍以前のものです。

「こんなに恵まれているのに、なぜ？」と思いませんか。

多くの人が冷暖房がきいた家で快適に過ごし、店に行けば好きなものを選んで食べ、好きな服を着ることもできる。自由度が高く、豊かで清潔な環境で生活しながら、心の中では自分が不幸だと思っている人が非常に多いのです。

私は、教育として主観を育てることが重要だと感じています。自分を主語にして、「自分は幸せだ」「私は今、◯◯と感じている」と言えるかどうか。

主観で、「自分は今、こんな状態だ」と言葉にすることで、主観的な幸福度は上がります。

主観を育てるとは、自分を知ることでもあります。

普段の仕事を通して、「自分は何に抵抗感を持っているのか」「仕事のこの部分には共感して意欲を燃やしている」など、本当の「自分の感情」に気づいてもらいたいのです。

本音では嫌だと思っていても、そんな「自分の感情」を認めずにやるべきことだけを優先していると、自分でも気づかないうちに「感情」を抑え込んでしまいます。

人間は「自分の感情」を抑えすぎると心身のバランスを崩し、一貫性のない言動や持続性のなさにつながりかねません。それによって、周囲の信用を失うかもしれません。

「自分の感情」を知った上で、どのように対処するかをコントロールし、「自分の感情」のマネジメントをうまくできるようになってもらいたいのです。

「自分の感情を知ろう」というテーマのセミナー終了後、参加者からこんな感想をいただいたことがあります。

「自分の感情を知るということは、自分と仲良くなる方法ですね」

まさにその通りだと、納得しました。

本章を通して、みなさんが「自分の感情」に目を向け、少しでも「自分の感情」やそれが引き起こす行動に自覚的になってくだされば幸いです。そもそも「自分の感情」を理解できなくては、「他者の感情」を理解することはできません。

もしあなたが誰かを助けたいと本気で願うなら、まずは「自分の感情」を知り、マネジメントできるようにしましょう。周囲でどんなことが起ころうと、「自分の感情」だけは、自分でコントロールできるからです。

本章では、「自分の感情」を知るさまざまな方法を紹介しました。自分と向き合いながら、自分に合った方法を見つけだしてください。

そして、「自分の感情」を知り、マネジメントできるようになってきたら、今度はリーダーとして、「メンバーの感情」を知るフェーズに進みましょう。

第4章

「メンバーの感情」を知る

チームを束ねるリーダーは、メンバーに対してさまざまな悩みを抱きます。次のような課題意識を持っているリーダーも多いのではないでしょうか。

✓メンバーに主体性がなく、指示をしないと動かない
✓メンバーが指示に従わず、自分の考えだけで動く
✓メンバーが他人の行動に批判的で、自分だけが正しいと信じている
✓メンバーが自分の役割を果たそうとしない
✓メンバーが不適切な振る舞いで、チームの雰囲気を悪くする
✓メンバーがミスやトラブルを報告せず、大ごとに発展してしまうことがある
✓メンバーがメンタルに不調をきたし、休職する
✓メンバーが突然、会社を辞めてしまう

こうした悩みやトラブルは、リーダーが「メンバーの感情」に無頓着であるがゆえに発生しているケースが多く見られます。

メンバーがリーダーの指示した通りに動かないのは、「自分のやりたい仕事はこれではない」と不満を抱いているからかもしれません。主体性がなく自主的に動かないメンバー

や大事なことを報告しないメンバーは、リーダーを恐れて自分の考えを言えなかったり、リーダーとの会話を避けたりしているのかもしれません。メンバーがネガティブな気持ちを自分の中に閉じ込めた結果、メンタルの不調や突然の退職につながるケースも少なくありません。

「感情」は、一人ひとり異なります。

プロジェクトが順調でリーダーが上機嫌であっても、メンバーも同じように上機嫌だとは限りません。同じ職場で働いていても、「楽しくて仕方がない」と感じているメンバーもいれば、「こんなことはしたくない」と思っているメンバーもいます。

どちらも「感情」であり、そこに良し悪しはありません。

「感情」は評価するものでも、べき論を押しつけるものでもなく、ただ、そこにあるものです。リーダーは、メンバー一人ひとりに個別の「感情」があることを意識しなければなりません。

一人ひとり異なる感じ方を受け止めることが、その人を受け止めることにつながります。

第3章では、リーダーが「自分の感情」を知る方法をお伝えしました。

「自分の感情」に向き合ってみると、表面的に他者に見せている態度と、心の中で抱いている本当の「感情」の間に大きなギャップがあると気づくはずです。また昨日と今日、そして一日の中でも時間帯によって「感情」は揺らぎ、刻々と変化していることもわかるでしょう。

それは、あなたの目の前にいるメンバーも同じです。職場で見せている態度と、実際に心の中で抱いている「感情」はまったく異なっているのかもしれません。ちょっとした出来事によって気持ちが不安定になっていることもあるでしょう。

リーダーは、メンバーのそんなギャップや変化を敏感に察知できるよう、「相手の感情」を意識することが大切です。

これからのリーダーに必要な「共感力」

私は日頃、マネジャーやリーダー向けのコーチングや研修などを手がけていますが、その中で多く寄せられる相談が、「共感力を高めるにはどうしたらいいか」というものです。

近年ではダイバーシティの推進に伴って、多様な価値観を持つ人々との協業やマネジメントが増えていきます。それに伴い、異なる価値観を持つ人々への共感力を高めることがリーダーに求められるようになりました。

さらにコロナ禍以降はリモートワークが中心となり、メンバーとのコミュニケーションが以前にも増して難しくなっています。職場で気軽に声をかけたり、雑談したりできない状況だからこそ、余計に共感力を高める必要性を痛感しているリーダーが多いようです。

共感力とは、自分以外の人の「感情」をくみとる力のこと。相手と同じ「感情」になることではありません。冷静でありながらも、「相手の感情」が理解できる心の状態を指し、同情とは異なる概念です。

気持ちをともにするという意味では同情とも似ていますが、共感はあくまで客観的な立場を保ちながら気持ちをともにし、やるべきことに集中して、そこから一歩進めていくリーダーシップといえます。

共感力が高いというと、「人を思いやり、気遣いのできること」というイメージが強いため、「ビジネスの場面でそんなものは必要ない」と考える人もいるようです。

しかし、共感力を高める目的はいい人になることではなく、「メンバーの感情」に適切に対応することで目標を達成することです。

共感力の低いリーダーとは、どんな人でしょうか。これまでのコーチングなどを通じて聞いた話を統合すると、2つのタイプが浮かび上がります。

共感力の低いリーダー1 同情だけで終わる

メンバーが自分の気持ちを話したとき、ともに感じ、一緒に泣いたり笑ったり、怒ったりはできるけれど、そこで終わってしまって次のステップに進まないことがよくあります。よくありがちなのが、次のような会話でしょう。

メンバー「昨日は休日出勤で、疲れがたまってキツイです」

リーダー「この会社はほんとにヒドイよな。代休もとらせてくれないんだから」

共感力の低いリーダー2 聞いているふりだけする

リーダーが「メンバーとは定期的に面談の時間を設けて話を聞いている」と言っても、メンバーはまったく聞いてもらった実感がないケースも多々あります。そうした人の対話を観察してみると、相手の話を表面的に聞いて話をかぶせたり、一方的に話をまとめたりしています。つまり、結局は自分の話ばかりをしているのです。傾聴せず、途中から話題を自分の話にすり替えていたりします。ありがちなのが次のような会話です。

メンバー「取引先の担当者の◯◯さんとうまく合わないんです。この間もこんなことを言われてしまって……」

リーダー「あー、いるいるそういう人！　僕が昔、担当した取引先の担当者はね……」

どちらのパターンも、リーダーに悪気はありません。だから、気づかないのです。客観的な視点で自分を見つめ直したり、周囲からフィードバックを受けたり、あるいは研修でトレーニングを受けたりして、ようやく気づく人も多いのです。

なお、相談に来るリーダーで圧倒的に多いのは、聞いているふりをするタイプです。自分が聞き流しているという自覚はありません。メンバーの課題をしっかり理解しようという意識もあるのですが、上司として自分の役割を果たそうとする気持ちが強いあまり、課題解決を先走って「メンバーの感情」を理解するのが後回しになってしまうのです。コトへの対応を優先してヒトに向き合っていないのです。

最近は1 on 1を導入する企業も増えました。

リーダーは「ちゃんと時間をとって1 on 1を実施した。役割を果たした」と思っていても、メンバーは「話を聞いてもらった実感がない」と感じているケースは珍しくありません。案件の進捗状況や問題への対処法など、メールでも事足りる内容だけで面談を終えているケースもよくあります。

しかも、メンバーが話している間も、「3時から会議だな」「あの資料、早く仕上げないとな」など、別のことを考えているリーダーも多いようです。

そんな心ここにあらずの状態は確実にメンバーにも伝わっています。それが360度評価に反映され、客観的なフィードバックを受けて初めて、「なぜ自分がこんなに低評価なのか」と首をかしげるリーダーは少なくありません。

リーダーのマネジメントスタイルに対する感じ方もメンバーによって異なります。

例えば、メンバーの仕事の進捗状況をこまめに確認して指示を出すリーダーに対して、「気にかけてくれて心強いな」と感謝するメンバーもいれば、「自分のペースでやらせてほしい」と違和感を抱くメンバー、「自分は信頼されていないのか」と自信をなくすメンバーもいます。

普段の会話でも1 on 1でも、リーダーは仕事の状況や課題を把握するだけでなく、自分の発した言葉がどのようにメンバーに受け止められているのかという、「相手の感情」に注目しましょう。

同じ言葉でも、受け止め方はバラバラ

普段からメンバーに対して公平でいようと意識しているリーダーも多いはずです。特定

の誰かをえこひいきせず、誰に対しても同じ態度で接することがフェアだと考えているのでしょう。ところが、メンバーがどう捉えるかまで意識していないことも多いのです。

「この案件は任せるよ。君ならできる。期待している」

言葉だけを見れば、とてもポジティブな声がけです。しかし、メンバーがその言葉を受けてどのように感じるのかは、一人ひとり異なります。喜んでモチベーションが上がる人がいる一方で、プレッシャーを感じて思い悩んでしまう人もいます。

リーダーがメンバーの不安やプレッシャーに気づかないままでいると、その人はネガティブな思いを抱え込んでしまいます。不満や愚痴を口にするようになり、他のメンバーの士気を下げたり、突然出社しなくなったりする事態を招きかねません。

私がある企業で、未来のマネジャー候補を対象にコーチングを実施したときのことです。その中に、優秀な業績を上げて評価の高い女性がいました。彼女と1時間ほど話をしたのですが、気にかかることがありました。表情が乏しく、ほとんど笑顔が見られなかったのです。

EQの診断結果から、彼女は会社の期待に応えられないことに不安を抱えているようだと推測できました。

そこで、「不安を相談する相手はいますか」と尋ねると、「いない」という答え。よくよく聞くと、縁のない地域に配属されたばかりで、近くに家族や友人もおらず、話し相手がいないというのです。

私が「仕事とは関係なく、今、何がしたいですか」と尋ねると、彼女は「実家に帰りたい」とつぶやきました。縁もゆかりもない地で生活するというプレッシャーと闘い続けて、精神が不安定になっていたのです。

「もう少し、自分を甘やかす時間をつくってはどうですか」と声をかけると、彼女は驚いた表情で「えっ、甘やかしていいんですか。私は自分に甘いからこんな診断結果になったんだと思いました」と言い、堰を切ったように泣きだしました。

彼女が言うには、「こんな気持ちを誰にも話せなかったし、声をかけてくれる人もいなかった」と言うのです。

彼女の上司は優秀なマネジャーで、面倒見もいいタイプです。それでも彼女が精神的に追い詰められていることには気づいていませんでした。

普段の関わり方を聞くと、「頑張れ」「期待している」と激励しつつ、「困ったことは何でもサポートするよ」「解決策を一緒に考えるよ」とフォローしていたそうです。

業務上は問題のないリーダーと言えるでしょう。しかし、彼女がどんな気持ちでいるのかは尋ねたことがなかったそうです。もしかすると、ハラスメントになることを警戒してプライベートの状況に踏み込むことを避けていたのかもしれません。

彼女は、「仕事とは関係ない不安な気持ちを聞かれたことはなかったし、自分から伝える発想もなかった」と言います。おそらく、世の中のリーダーとメンバーの多くが、そう思っているのではないでしょうか。

だからこそ、リーダーは配慮はしながらも、遠慮はせずに、メンバーの気持ちをどんどん聞いていきたいものです。

メンバーの本心を知らなければ成長を促せない

会社でリーダーやマネジャーを務めているなら、そのミッションは「目標の達成」「プロジェクトの完遂」だけに留まりません。「人材育成」、つまりメンバーの成長促進もリーダーの大切な要素です。

メンバーの成長を阻害する要因の一つに、会社の求める姿と本人のありたい姿にギャップがあるケースがあります。

人の価値観には、大きく分けて2つの軸があります。「私はこうなりたい」と自分のなりたい姿を目指すのが「ビジョン」、「私はこれを大切にしたい」と自分の価値観の発揮や関係を深めることを目指すのが「バリュー」。両方合わせたものを価値観としている人もいれば、どちらか片方が強い人もいます。

「なりたい姿＝ビジョン」と「ありたい姿＝バリュー」、どちらも大切な個人の目的で、人によって描き方はさまざまです。若い頃には「なりたい姿」が明確で懸命に働いていた人が、その過程で大切にしたい「ありたい姿」に出会って、個人の目的が変わるケースもあります。

仮に会社が「ゆくゆくは管理職を目指してもらいたい」と考えていても、本人が「管理職にはなりたくない。経験や専門性を活かして現場で力を発揮したい」と思っているケースは多々あります。

会社側の「やらせたい」と本人の「やりたい」が一致するのが理想ですが、なかなかうまくかみ合わないものです。

既存事業で優れた業績を上げた人が新規事業の責任者に抜擢されたものの、メンタルを崩して挫折、などというケースもよくあります。

「自分の感情」にフタをすることに慣れた組織人は、「任せた。期待しているよ」と言われれば、「頑張ります」と答えてしまうものです。そのとき、「本人は本当にやりたいと思っているのか」「『不安もありますが』と言っていたが、どのくらい不安なのか」などと、「メンバーの感情」まで理解しようとするリーダーがどれだけいるでしょうか。

メンバーの本当の「感情」を理解していれば、「新しい役割の意義や目的をしっかり説明してモチベーションを引き上げる」「本人が自信と意欲を持って取り組める別のプロジェクトにアサインする」「不安を払拭するようなチーム編成・サポート体制を敷く」などの対策ができるはずです。そうすれば、その人は十分に力を発揮し、成長を遂げられるかもしれません。

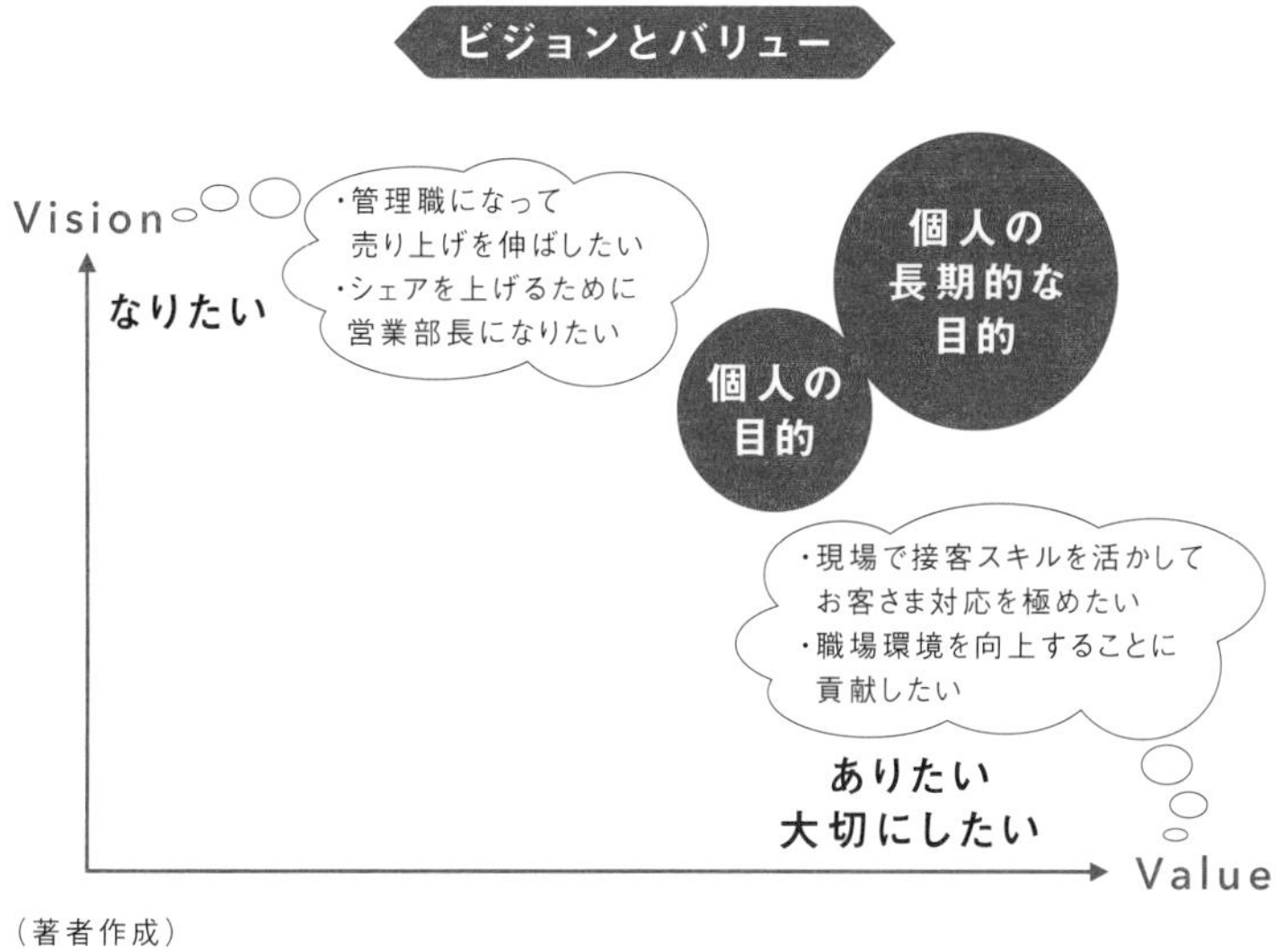
ビジョンとバリュー
Vision
なりたい
・管理職になって
売り上げを伸ばしたい
・シェアを上げるために
営業部長になりたい
個人の長期的な目的
個人の目的
・現場で接客スキルを活かして
お客さま対応を極めたい
・職場環境を向上することに
貢献したい
ありたい
大切にしたい
Value

（著者作成）

逆のケースもあります。メンバーにはやりたい気持ちがあるのに、リーダーがそれに気づいていない場合です。

例えば、育児中で時短勤務の女性。「このプロジェクトを担当したい」と思っていても、「時間に制約があるし、子どもの急病で遅刻や早退をすることもあり、迷惑をかけるかもしれない」と手を挙げられないケースはよくあります。

リーダーは、「育児で大変だろうから負担の少ない仕事を担当してもらおう」と考えますが、本人は「責任のある仕事を任されて成長したい」と思っている場合、リーダーの判断は誤った配慮となります。

若手メンバーがプロジェクトの責任者に名乗りを上げたいと思いながら、経験不足であることを気にして言いだせないということもあるでしょう。リーダーがメンバーの「実はやりたい」を知っていて支援ができれば、若手メンバーはプロジェクト責任者として大きな成果を上げ、成長する可能性があります。その機会を見すごしているとしたら、それは非常にもったいないことです。

最近では、会社でできない挑戦を求めて、副業や兼業を始める人も増えています。もちろん本人にとってはそれもやりがいのあることなのでしょう。しかし、もし会社が本人のやる気を拾い上げていなかったとしたら、それはとてももったいない話です。

チーム運営において、業務スキルだけで判断して役割を割り振るのではなく、メンバーのビジョンやバリューがどこにあるのか、メンバーがどのような長期的なビジョンを抱いているのか、どのような仕事に興味・関心があるのか、といったことを把握することが大切です。

メンバーの「ありたい」や「やりたい」とつながる仕事をすることが大きな成果を生みだすのです。

そのためには、「メンバーの感情」に目を向けて、「どんな仕事にワクワクを感じる？」などと定期的に尋ねてみてください。あるいは「3年後、5年後、あなたはどんな姿でいたい？」「今の仕事で大切にしたいことは？」などと投げかけるのもいいでしょう。

メンバーの大切にしていることや気持ちをくんで適切な役割を与えることができれば、そのメンバーはきっと今まで以上のスピードで成長を遂げるはずです。

仲間に適切に関わるための「TEAM」

第2章で紹介したチームビルディングを行うリーダーに必要な4つの行動「TEAM」に目を向けてみましょう。

✓Trust（信頼をつくる）
✓Empathy（共感をつくる）
✓Assertive（関係をつくる）
✓Motivate（やる気をつくる）

メンバーの本当の「感情」を知り、適切に関われるようになれば、「TEAM」を高度なレベルで実現できるようになります。ここでは、「メンバーの感情」を知った上で「TEAM」を実現すればチームマネジメントにどんなメリットがもたらされるのかを紹介します。

◆Trust（信頼をつくる）実現のメリット

メンバーからより多くの情報を引き出せる

リーダーが自分を開示してメンバーへの信頼を見せることで、メンバーも心を開きやすくなる。結果、メンバーからより多くの情報を得られる。

ミスやトラブルの深刻化を防げる

メンバーがリーダーから信頼されていると安心感を抱けば、ミスやトラブルといったネガティブな情報も率直に話しやすくなり、深刻化する前に対処できる。

メンバーのチャレンジ意欲を喚起できる

リーダーが信頼を見せることでメンバーが自信や勇気を持ち、経験のない仕事や困難な仕事にチャレンジする意欲を持てるようになる。

◆Empathy（共感をつくる）実現のメリット

共通点を通じて関係を強化できる

リーダーが気持ちをともにすることで、メンバーの視点に立って物事を捉えることができる。リーダーがメンバーとの体験や視点の共通点を見いだし、より関係を強化できる。

メンバーが納得して仕事に臨めるようになる

人間は理論で理解しても、納得できないことが多々あります。リーダーがメンバーの気持ちをくみとった上で、与えた仕事の必要性を伝えることで、納得を得やすくなる。

与えすぎを防げる

リーダーに傾聴する姿勢が備わることで、メンバーが望んでいないアドバイスや情報を与えすぎることがなくなる。

◆Assertive（関係をつくる）実現のメリット

一方的ではない関係構築ができる

リーダーは言いっぱなし、メンバーは言われっぱなし、という一方通行の関係から抜け出し、双方向のコミュニケーションが成立するようになる。

チーム戦略に多様な視点を取り入れられる

リーダーが関係構築に向かう態度をとることで、一人では見いだすことのできなかった意見や視点をチーム戦略に取り入れられる。

無意識のハラスメントを防げる

リーダーがメンバーの気持ちを受け入れることで、一方的な決めつけや強要など、無意識にしてしまいがちなハラスメント行為を防げる。

◆Motivate（やる気をつくる）実現のメリット

メンバーが動きたくなる言葉をかけられる

メンバーがどんなことでやる気が高まるかを知れば、リーダーはメンバーの動機を刺激し、行動促進につながる言葉を選んで投げかけることができるようになる。

メンバーが自信を持ち、行動に弾みがつく

リーダーがメンバーの強みや成長を言葉にして伝えれば、メンバーは自信を持ち、より積極的に行動を起こせるようになる。

メンバーのメンタルを健全に保てる

リーダーがメンバーのやる気になるポイントを知ることで、メンバーがストレスをため込んでメンタルを崩す事態になる前に、プレッシャーをやる気に置き換える支援が可能になる。

このように、「メンバーの感情」に注目することでチームマネジメントも円滑にできるようになります。

「メンバーの感情」を知る方法

「TEAM」を実践するには、「メンバーの感情」を理解する必要があります。ここからは「メンバーの感情」を理解し、適切に働きかけるための具体的な方法を5つ紹介します。

(1)「ミラーリング」をする

「ミラーリング」とは、相手の動作を鏡のようにまねするコミュニケーション手法のこと。人には、自分と同じ振る舞いや行動をする人に対して好意を持つという類似性の法則があります。リーダーがメンバーの行動をミラーリング(まねする)ことで、メンバーが親近感を抱き、素の「感情」を見せやすくなります。

例えば、人事異動で初めて顔を合わせるメンバーがいるとします。オンラインで最初の面談をしてみると、メンバーは緊張した様子でした。このようなシーンで取り入れたいのがミラーリングです。

メンバーが目の前で手を組んでいたら、リーダーも同じように手を組みます。メンバーがまばたきをしたら、リーダーもまばたきをします。メンバーに「ミラーリングされている」と気づかれないように、しぐさや飲み物を飲むタイミングなどを合わせていきましょう。するとミラーリングをされたメンバーは、自然とリーダーに対して親近感を抱き、話をしやすくなっていきます。

ミラーリングを実践する上で気をつけることは、あくまで「自然体で臨む」ということ。無意識の世界に働きかけてメンバーの警戒心を解くものなので、メンバーがミラーリングされていると気づくと逆効果になることもあります。

いきなりしぐさや行動をミラーリングするのはハードルが高いようであれば、メンバーとの間に何らかの共通点を見つけてみてもいいでしょう。

週末の過ごし方や好きな食べ物、好きな地域などを聞きだして共通点を探すのです。本書の第3章で紹介した「好きなものボックス」を活用するのもいいでしょう。

ミラーリングをしようと意識すると、おのずとメンバーに対する観察力が高まります。リーダーは自然とメンバーに興味を持つようになり、その表情やしぐさ、言葉から「メンバーの感情」が理解できるようになるでしょう。

(2)「3分傾聴」を習慣づける

メンバーが話しかけてきたとき、リーダーはこんな対応を意識してみてください。

最初の3分間、黙ってメンバーの話を聞くというものです。メンバーの説明が要領を得なくても、論理性がないと感じても、たとえ怒りが湧き上がってきても、絶対にメンバーの話に口を挟まないこと。ただ3分間、メンバーの話をしっかりと聞いてください。これを繰り返し続けていきます。

「ただ聞いているだけじゃ、メンバーの感情なんてわからないよ」と思うかもしれません。

しかし、これはメンバーが素直な「感情」を引き出せるようにするための土台づくりです。この3分傾聴を続けていると、メンバーの中に「この人は、自分の話を聞いてくれている」という安心感が生まれます。そんな信頼関係ができて初めて、「話を聞いてもらっている」「理解してもらっている」とメンバーは実感できるようになります。こうした関係ができれば、メンバーはリーダーに「自分の感情」を伝えられるようになるでしょう。

122ページで、共感力が低いリーダーの特徴として、聞いているふりをするタイプを挙げました。このタイプのリーダーには特に3分傾聴がオススメです。

メンバーの話をさえぎってすぐに自分の話をしてしまうリーダーや、つい解決策の提示を急いでしまうリーダーは、3分傾聴によって、メンバーのニーズやウォンツ、期待をつかむことができ、目的に応じた対応を選択できるようになります。この方法によって、共感力のあるリーダーへと生まれ変われます。

(3) メンバーにお腹を向けて話す

メンバーが素直な「感情」をアウトプットできる関係づくりに効果的な方法を、もう一つ紹介しましょう。

オフィスのデスクで仕事をしているとき、メンバーが話しかける場面で、メンバーに顔を向けるだけでなく、お腹ごと体全体を向けて話を聞いてみてください。

以前、私が勤務した会社で、営業職のコンピテンシー（高い業績を上げる人の行動特性）を調査したことがありました。その結果、高い業績を上げる人の行動の一つに、「メンバーが話しかけてきたら、パソコンのキーボードを打つ手を止め、顔だけでなく、お腹を向けて話を聞く」という共通項目がありました。

キーボードの手を止めることもなく、作業を続けながら片手間でメンバーの話を聞く人も見受けられます。これでは、メンバーが「ちゃんと話を聞いてくれていない」、あるいは「忙しいから邪魔するのは申し訳ない」と感じて、話しかけることさえ控えるようになってしまいます。ましてや、メンバーが「自分の感情」を伝えることなど、できるわけがありません。

このアドバイスを、あるリーダーにしたことがあります。その人は、「自分ではそんなつもりはないのに、共感されているとは思えないと指摘された」と悩んでいました。

その人に、メンバーにお腹を向けて話を聞くことを提案しました。するとその半年後、「以前よりもメンバーからたくさんの情報が聞けるようになった」というメールをいただきました。

メンバーがリーダーに相談するのは、課題解決のアドバイスを求めているためです。しかし実はそれ以上に、「自分の話を真正面から聞いてくれている」という安心感や、「この人に話すことで何か変わりそうな気がする」といった希望を抱いていることもあります。「この人になら腹を割って話せる」と思ってもらうためには、まずはリーダーとしての聞く姿勢に意識を向けてみてください。

(4)「ムードメーター」でメンバーの状態を知る

「メンバーの感情」を知るために、「おはよう。今日はどんな気分?」などと尋ねても、返ってくる答えは「普通です」「まぁまぁです」といった無難なものになるはずです。そこで、第3章で紹介した「自分の感情」に向き合うためのツール「ムードメーター」をメンバーにも使ってもらいましょう。

セミナーで「ムードメーター」を紹介すると、「うちのチームでも使ってみたい」という声が多く、中には家族や子どもの状況を把握するために活用している人もいます。

ある会社では、「ムードメーター」を使って同世代の男性2人に「どんなときに気持ちが上がるか（下がるか）」を聞きました。すると、金曜夜の点数が一人は最高レベル、もう一人は最低レベルになりました。理由は、前者が「もう週末だと思えるから」、後者は「1週間を終えてヘトヘトだから」でした。

この事例を聞いたあるリーダーが、自分のチームでもムードメーターを使ってメンバーの状態を把握し始めたところ、メンバーがそれぞれ異なる状態にあることに気づいたそうです。それまで彼は「みんなが同じ目標を持って、同じようなモチベーションで働いているのだから、感情の差は大きくない」と思っていたそうです。しかしムードメーターを通じて、人の機嫌や気分はそれぞれ異なり、その変化を知ることでチームのモチベーションマネジメントに活かせるようになったそうです。

（5）メンバーが見ている「風景」を尋ねる

リーダーが「君はどんな気持ちなの？」「本当はどう思っているの？」などとストレートに尋ねても、なかなか本音を話してくれないメンバーも多いはずです。自分がそう問われても、どう答えていいかはすぐには浮かばないはずです。そこで、こんなアプローチを試してみてください。

「最近、おもしろいと思ったニュースは何？」
「最近会った人で、印象に残っている人は誰？」

日常の出来事に関する質問ならメンバーも答えやすいはずです。どんな答えが返ってくるかで、その人の目に映っている風景を知り、どう感じているのかを察することができます。私は息子とのコミュニケーションで、このアプローチ法が役に立つと気づきました。

母「今日、学校どうだった？」
子「別に。普通」

世の中の親子は、きっとこんな会話を繰り返しているのではないでしょうか。私たち親子もそうでした。何度あしらわれても、息子のことを知りたいと思った私は、彼が見ている風景を描写してもらおうと考えたのです。

母「今日、学校で笑えることあった？」
母「おかしなことを言う先生っている？」

こう聞くと、息子も次のように話してくれるようになりました。

子「隣の子が居眠りしていて、先生に怒られたときのリアクションが笑えた」

子「国語の先生がしょうもないギャグを言う」

「この子はそういうことを、おもしろいと思うんだ」といった発見が生まれます。「どんなリアクション?」「どんなギャグ?」などと会話がつながり、親子で話す量がぐんと増えました。こうして息子から情報を引き出し、共感を示すことで心の距離を縮めることができたのです。

リーダーは、メンバーを知ることばかりを急がず、まずはメンバーが見ている風景を知ろうとすること。

「ここ1週間で注目したニュースは何?」と尋ねたら、返ってくる答えは人それぞれでしょう。大企業のリストラ、芸能人のスキャンダル、話題のドラマ、中東情勢……。

その答えから、メンバーが何に興味を持っているのか、どんな出来事にどう感じているのかを知ることができます。その話題をきっかけに、対話を深めることもできるはずです。

メンバーの志向性や価値観をつかめば、仕事のコミュニケーションも円滑になります。

「感情」を知り、メンバーに適切に関わる

ここからは、「メンバーの感情」を理解した上で、適切に関わる3つの方法お伝えします。

(1) 相手の期待に応じて対応を変える

メンバーがリーダーに「ちょっといいですか?」と相談を持ちかけるときの心情は、大きく3つのパターンに分けられます。

①リーダーと一緒に課題を解決したくて、本気で相談したい
②すでに自分の中で解決策を持っていて、リーダーに応援してほしい
③ただ話を聞いてほしい

肌感覚ではありますが、もっとも多いのは②の応援してほしい人でしょう。これが全体のおよそ7割を占めているような印象です。

二番目に多いのが③のただ話を聞いてほしい人で、①の本当に一緒に課題を解決したく

て相談に来る人はおよそ1割程度ではないでしょうか。これはメンバーの自立度や組織風土の状態にも左右されます。

それでもリーダーに相談する多くのメンバーは、いつもリーダーの意見や指示がほしいわけではないのです。

リーダーはメンバーの話に耳を傾け、考えていることを聞き出し、「いいと思うよ。応援するよ」とひと言告げることが、もっともメンバーのやる気を高めます。

メンバーが自律的に考え、動けているようなら、できるだけ指示やアドバイスはしないこと。「何か私にできる支援はありますか」と、メンバーをサポートする姿勢を見せたほうが良い結果につながります。

忙しいリーダーにとって注意しなければならないのが、ただ話を聞いてほしいというメンバーです。もし相談に来たメンバーがこのパターンなら、そのときこそ丁寧に対応してください。どうしても時間がない場合は、先に時間制限を設けることをオススメします。「次の用事があるから5分しかないけれど、聞かせてくれる？」などと時間を区切った上で、その5分はしっかりと話を聞くのです。

このようなパターンを知っておくことで、メンバーの期待に沿った対応ができ、過度なアドバイスによってメンバーの自主性を失わせることを防げます。

（2）「FES」でメンバーに関わる

メンバーとアサーティブな関係を築きたいときやメンバーへのフィードバックによって成長を促したいときに意識したい3つのシンプルな観点「FES」があります。

✓Fact（事実）――目の前にある事象の事実を共有する

✓Emotion／Express（感情を知る、伝える）――事実から自分が感じたこと、または「相手の感情」を把握する

✓Suggestion／Solution（解決策の提案、実行）――解決策を提案・提示し、一緒に解決に向かう

「こうしたほうがいいのでは？」とリーダーがいきなり解決策を提案すると、メンバーは押しつけられたような感覚を抱きます。一足飛びに解決に向かわず、まずは共有できる事実で同じものを見て、次に「思考」よりも「感情」を共有してください。考えていることよりも感じていることを把握して伝えることが、メンバーを尊重することになります。

メンバーが失敗について話す場面を、一例として挙げてみましょう。

リーダー「お客さまへの案内に大事な情報が抜けていたことが問題につながった？」

メンバー「そうです。それに気づかないまま進めてしまいました」（F／事実の把握）

リーダー「いい企画だったから残念ですね。あなたは今、どんな気持ちですか」

メンバー「お客さまが楽しみにしてくださっていた分、私も残念に思います」（E／感情を知る、伝える）。「次回は、ダブルチェックできる体制にします」

リーダー「そうですね、ぜひ次回は体制を整えましょう。私に何かできることがあれば、言ってください」（S／解決策の提案、実行）

自律的に動けるメンバーであれば、リーダーの問いかけによって自ら考え、解決策を自分で見つけます。

最初はすぐに解決策が浮かばなくてもまずは気持ちに着目することで、メンバーのやる気を見いだし、寄り添うことができるようになります。継続してこのようなコミュニケーションをとることが、「メンバーの感情」を活かすことにつながります。

（3）感謝とその理由を伝える

「感謝や賞賛されることが仕事へのモチベーションにつながるか」をテーマとした調査で、

一般職の67・2％が「つながる」と回答しています。経験の浅いメンバーほど、感謝や賞賛を受けるとモチベーションが高まることがわかっています。

また「感謝を伝える頻度が高い」と回答しているのは、一般職は71・9％に達しますが、役職に就いたリーダーは60・8％に留まっています。リーダーのほうが、感謝を伝える頻度が低いのです。

感謝を伝えることは、「相手の認知」「モチベーションの醸成」「ストレスや鬱の軽減」「感謝にあふれる文化の醸成」に効果があります。それにもかかわらず、リーダーの感謝が不足しているとしたら、それはもったいない話です。

リーダーが感謝を伝えない理由としてもっとも多いのは「照れくさい」というものです。私が会うリーダーの多くは、メンバーに対して感謝の気持ちを抱いています。しかし、必ずしもそれを適切に伝えてはいません。気持ちを持つだけでなく、伝えることを意識するようにしましょう。感謝を伝える際のポイントは次の3つです。

✓When——タイミングはできる限り「すぐに」
✓Why——理由を伝える（その行為の何が良かったか、結果がどうなったか、など）
✓How——伝え方を工夫する（口頭、メール、チャットなど）

1on1面談の効果を高める3つのコツ

最近では、会社の方針で上司と部下が1on1の面談を実施するケースも増えています。しかし「何を話せばいいのかわからない」「会話がかみ合わない」「会話が続かない」という声をよく聞きます。

そこで、1on1のコミュニケーションを円滑にし、関係性を強化するために取り入れるといい手法を3つ紹介します。

(1) MI(モチベーショナル・インタビュー)

「MI(モチベーショナル・インタビュー)」は、日本語では「動機づけ面接」とも呼ばれ、医療分野でよく使われるカウンセリング手法です。患者の気持ちにアプローチし、医療に効果的な行動変容を促すために設計されたものですが、部下との面談にも活用できます。メンバーの気づきと行動を促すコミュニケーションであり、「メンバーの感情」も引き出しやすくなります。モチベーショナル・インタビューは次の8つのアプローチで実施します。

①オープンエンドの質問をする

「オープンエンド」とは、聞かれた人が自由に回答でき、答えが一つとは限らないような質問を指します。例えば、「あの案件はうまくいっているか？」と聞くと、回答は「はい」か「いいえ」の二択となります。そうではなく、メンバーの中にあるさまざまな考えを引き出す聞き方をします。

例：「あなたの今の仕事で、何がうまくいっていると思う？」

②共感を示す

メンバーが抱えている課題について共感の声かけをします。

例：「確かに難しいよね」「それは判断に迷うね」「一緒に解決方法を考えよう」

③肯定的なフィードバックをする

メンバーが取り組んできたことの努力を認め、肯定のフィードバックをします。

例：「よく頑張ったね」「少しずつでも前進しているね」

④ 自発性を引き出す

「これをしなさい」と指示するのではなく、メンバーに自分の頭で問題は何か、解決するためにどんなことができるのかを考えてもらいます。

例：「ここでつまずいているんだね。次にどんな手を打つか、プランを考えてみて」

⑤ 考えや「感情」を一緒に振り返る

メンバーが話したことを繰り返すなどして、何を考え、感じているのかを理解する。

例：「そうか、◯◯と言われたことがそんなに悔しかったんだね」

⑥ メンバーの話を聞き、要点をまとめる

⑤の「考えや感情を一緒に振り返る」と似ていますが、⑤よりも長めに振り返ります。メンバーの話を聞き、要点を自分の言葉でまとめて、互いの理解が同じであることを確かめるのです。

例：「つまり、今悩んでいるのは取引先の担当者に振り回されているということだね。相手は◯◯したいと言うが、あなたは△△するほうがいいと考えている。どうすればいいかということだよね。そう解釈したけど、合っている？」

⑦選択枠を提示する

メンバーができない理由を述べたとき、目標を達成できる道を探す手助けをします。メンバーが気づいていない選択肢が他にもあることを伝え、意思決定をサポートします。

例：「その方法がダメだったからといって、できないわけではないよ。例えば、◯◯や△△という方法もあるのでは？」

⑧一般的な解決策ではなくメンバー独自の解決策をつくる

一般的な解決策を与えるのではなく、メンバーが考えたアイデアやプランを尊重し、実行できるよう支援する。

例：「あなたはその方法を試してみたい、ということだね。それなら、こんなツールもあるから試してみてはどうかな」

これらの8つの中には、すでにリーダーとして実践しているものもあるかもしれません。もし欠けているものがあれば、選択肢を増やすつもりで、メンバーの状況に応じて使い分けてみましょう。

（2） AI（アプリシエイティブ・インクワイアリー）

ＭＩとよく似た手法として、「ＡＩ（アプリシエイティブ・インクワイアリー）」があります。「アプリシエイティブ」とは「真価がわかる」「長所を認める」という意味。「インクワイアリー」は「質問」「問診」を指しますから、「ＡＩ」とは「長所を認める問診」です。

肯定的な問いかけからスタートすることによって、個人の価値や強み、組織全体の真価を発見・認識し、それらの可能性を最大限に活かして効果的な仕組みを生みだすプロセスです。

質問の観点となるのは４つの「Ｄ」です。

① Discovery「何がうまくいった？」

例：「会議がうまくいくときは、どんな意見が出たとき？」
「入店するお客さまは、何を気に入ってくださっている？」

② Dream「何を叶えたい？」

例：「どんな状態になったら、みんなが生き生きできる？」

「どんな店になったら、もっとお客さまの笑顔が増えそう？」

③ **Design「そのために何をしようか？」**

例：「生き生きしたチームになるには、何が変わったらいい？」

「お客さまの笑顔を増やすために、どこから変えようか？」

④ **Destiny「ではやってみよう」**

例：「ではスタートしてみよう！」

(3) E-STAR行動面接

採用面接の手法に「STAR（行動面接）」というものがあります。あらかじめ評価基準や質問項目をある程度決めておき、その

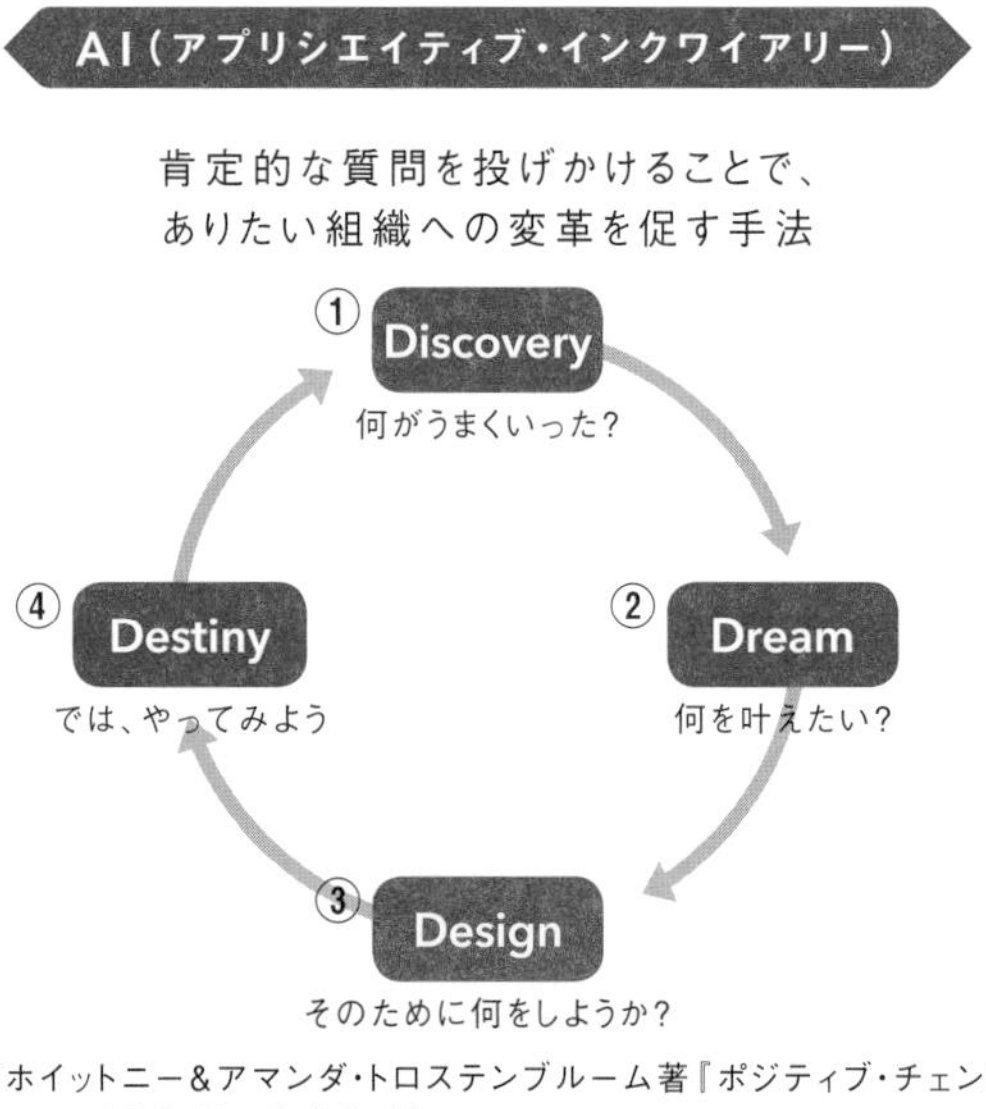

AI（アプリシエイティブ・インクワイアリー）
肯定的な質問を投げかけることで、
ありたい組織への変革を促す手法
① Discovery
何がうまくいった？
② Dream
何を叶えたい？
③ Design
そのために何をしようか？
④ Destiny
では、やってみよう

（注：ダイアナ・ホイットニー＆アマンダ・トロステンブルーム著『ポジティブ・チェンジ～主体性と組織力を高めるAI～』を参考に著者作成）

手順通りに進めて、面接官によるぶれや感覚的な採用を避ける構造化された面接手法です。米国では臨床心理学に基づくアセスメントアプローチとして古くから活用されており、米国のグーグルをはじめ、多くの企業が採用する手法としても知られています。

この手法のSTARとは、以下の項目の頭文字をとっており、それぞれ行動と状況について丁寧に質問をしていきます。

① Situation（状況）――どのような状況の中で
② Task（課題・役割）――どのような課題や役割において
③ Action（行動）――どのような言動をとり
④ Result（結果・反応）――どのような結果・反応が得られたか

私がかつて在籍した外資系企業でもこの手法が導入されており、採用面接では毎回、この手法で面接を進めていました。この手法のメリットは、基準や質問がある程度決まっており、共通の観点があるので誰が面接官を務めても面接の評価が安定することにあります。また、一つの事象についてSTARを丁寧に聞くことで、相手が本当に行動したことや発信したこと、結果を、実際の行動ベースで把握することができます。

ただし、この面接手法にはデメリットもあります。一つひとつのエピソードを丁寧に聞くため時間がかかることです。この手法で繰り返し質問を重ねると、まるで尋問のようなコミュニケーションになってしまう点も気をつけなければなりません。

私はこの面接手法を学んで10年ほど面接官を務めた後、一つの要素を追加しました。それが「Emotion（感情）」です。

STARそれぞれの項目に「感情」の要素を加えることで、「その状況や行動にどんな感情が伴っていたか」という情報を得るのです。一例を紹介しましょう。

Situation「どのようにキャリアがスタートしたのですか？」

Emotionを入れる質問「配属されたときはどんな気持ちでしたか？」

Task「チーム中の役割と権限はどのようなものでしたか？」

Emotionを入れる質問「どのような気持ちで取り組んでいたのですか？」

Action「チームの内や外ではどんな話をしていたのですか？」

Emotionを入れる質問「メンバーのやる気は、どんな会話で把握していたのですか？」

Result「課題はどの程度解決しましたか?」

Emotion を入れる質問「メンバーはどのような気持ちだったのでしょうか?」

「感情」の視点を入れることで、エピソードがより鮮明になり相手の表情も豊かになります。

E-STARは採用面接のために開発されましたが、使い方はメンバーとの1 on 1面談でも同じです。E-STARに従って問いかけていけば、メンバーの話に丁寧に向き合う姿勢となり、しっかりと傾聴できるようになります。このE-STARは、多くの企業が導入しています。その結果、次のような効果が得られることがわかりました。

面談手法のE-STAR

E(Emotion):「気持ち」「感情」を活かしているか
S(Situation):どのような状況の中で
T(Task):どのような課題や役割について
A(Action):どのような言動をとり
R(Result):どのような結果・反応が得られたか

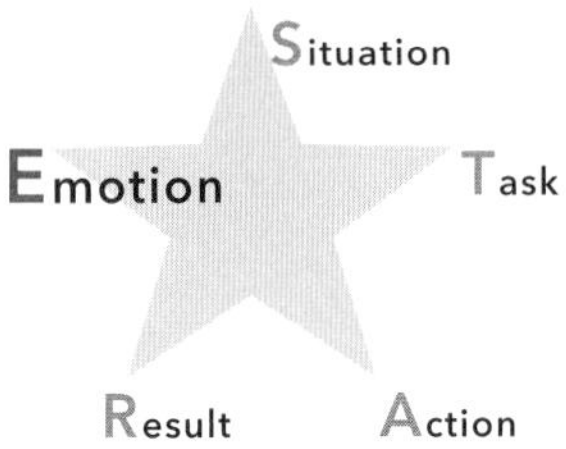

(著者作成)

✓メンバーの「ヒーロー／ヒロインインタビュー」になるので、本人が自分からどんどん話をしてくれる

✓メンバーの行動を丁寧に聞くことで、行動ベースでのアドバイスにつなげられる

✓「感情」についても話してもらうので、どの場面でメンバーの心が動いたか、どんなところに興味を持ったのかを知ることができる

いくつかの手法を紹介しましたが、これらを使いこなすには、リーダーが意識して練習を重ねることも必要です。少しずつ現場で試しながら自分に合う方法を取り入れ、メンバーの反応や変化に注目してみましょう。

どんな「感情」も認めて尊重する

さまざまな手法を使って「メンバーの感情」を知ったら、それを尊重してください。

極端な例を挙げれば、「戦争なんて絶対にダメだ」と思っている人もいれば、「戦争を避けられないこともある」と考える人もいます。くれぐれも、「そんなふうに思うべきではない」などとメンバーの意見を頭から否定しないでください。

メンバーが感じていることを受け止めた上で、「共通の目的を達成するためにはどうしたらいいか」を一緒に考えていきましょう。

時には、「なぜそんな発想になるのか」とメンバーを理解できないこともあるでしょう。その背景は、それぞれの人が抱える原体験が影響しているケースがほとんどです。

例えば、いつも人にきつく当たるメンバーがいるとします。本人も「他者には思いやりを持って接するべきだ」と頭ではわかっていても、どうしても他者にきつく当たってしまうそうです。事情を探ると、そのメンバーには親から厳しく育てられたという原体験があったそうです。

テストで１００点をとってもほめられないような家庭環境で育ち、大人になっても自分に自信を持てない人は結構いるものです。

人には、それぞれの事情があります。それを理解した上で、その人のありのままの「感情」を認めましょう。そうすれば信頼関係が生まれ、目線を合わせて次のステップへ進んでいくことができます。

ある人事マネジャーが、ＥＱ開発プログラムを学んでしばらく経った頃、こんなことをおっしゃいました。

「人事としてこれまで数千人を面談してきたけれど、『この人はどんなことを思っているのか』『この表情は、どんな感情から生まれたのか』と意識したのは初めての経験でした。『この人はプロジェクト成功の立役者だけれど、本人なりの苦悩があったのか』と想像力を働かせて相手の話を聞けるようになりました」

人の業績や能力などを見極める人事のベテランでさえ、それまでは「感情」という視点が抜け落ちていたそうです。しかし「感情」に着目するようになって、一人ひとりの人材に対する理解が深まっていったそうです。

ビジネススキル以上に、「感情」はそれぞれの人のパフォーマンスに大きな影響を及ぼします。

リーダーがメンバーのパフォーマンスを高めるには、何よりもまず相手の「感情」に注目してみてください。

メンバーに興味を持ち、細心の注意を払って観察して言葉に耳を傾けること。リーダーは、メンバー一人ひとりの「感情」を受け止めて尊重しましょう。そこから、他者理解はスタートするのです。

「メンバーの感情」に着目することは、他の誰とも違うメンバーの個を認めることにつながります。メンバー一人ひとりが唯一無二の個であると認め、それぞれの違いを活かしてチームで目的を達成することがリーダーの仕事なのです。

そのために本章では「メンバーの感情」を知るさまざまな方法を紹介しました。

一人ひとりに対して誠実に向き合い、「メンバーの感情」を知ることが強いチームをつくる第一歩となるのです。

第5章

「感情」チームビルディング

コロナ禍をきっかけにリモートワークが広がり、企業は新たな課題に直面するようになりました。オンラインによるコミュニケーションやマネジメントのあり方です。

メンバーと顔を突き合わせたコミュニケーションが困難になって以降、多くの企業がチームを以前よりも小さく分ける傾向が強まっています。例えば、以前は10～15人規模で編成されていたチームを、5～6人単位により小さくし、業務も細分化するケースが増えているのです。

小さなチームの増加に比例して、初めてリーダーになってチームビルディングに苦戦している人も増えています。

ここで改めて、「チームビルディング」とは何かを説明します。チームビルディングとは、メンバーのスキルや能力、経験を最大限に活かし、目標や目的を達成できるチームをつくるための取り組みのことを指します。

多くの日本人にとって、チームビルディングという概念はあまりなじみがなく、苦手意識を抱く人も多いようです。

欧米と比較すると、日本人は目的を同じくする仲間を募ってコミュニティをつくったり、プロジェクトを立ち上げたりする経験が少ないように感じます。学校では自動的にクラスが分けられ、教師が学級委員を指名し、会社に入ると人事が配属を決めます。自分から目指すポジションに手を挙げ、プレゼンによってその座を勝ち取ったり、自分でプロジェクトを立ち上げてチームを結成したりする経験のある人は少ないようです。

そこで本章では、これからの時代に必要なチームビルディングのあり方と、その具体的な進め方をご紹介していきます。

ここでも、ポイントとなるのは「感情」です。

リーダーが自分とメンバーの「感情」に率直に向き合い、「自分の感情」も「メンバーの感情」も大切にすることができれば、そのチームの求心力は高まり、これまで以上の大きな成果を出せるようになります。

一方で、リーダーが「自分の感情」や「メンバーの感情」をないがしろにしていると、チームの求心力は低下し、ゆくゆくはチームが空中分解してしまいます。

チームの結束を強めるのも、空中分解させてしまうのも、リーダー次第。

いかにリーダーが、自分とメンバーの「感情」に配慮することが大切かという点も含めて、ここから解説していきましょう。

理想のチームは「心・技・体」でつくり上げる

私は企業の教育プログラムなどの設計を支援していますが、そこで軸としているのが「心・技・体」のバランスです。

「心・技・体」は武道やスポーツの世界でよく使われる言葉です。精神・技術・身体のバランスが整うと最大限の力が発揮できます。これは、ビジネスパーソンのパフォーマンス発揮においても同じだと思います。

✓心（Being）：マインド、精神力、捉え方、心構え、ＥＱなど
✓技（Knowing）：技術、スキル、知識、ノウハウ、戦略思考など
✓体（Doing）：アクション、実行力、アウトプット力、ネットワーク構築、コミュニケーションなど

リーダーを対象にコーチングをしていると、意識が「技」だけに偏っている人が圧倒的に多いように感じます。

「部下が思うように動いてくれない」と悩むリーダーからは、「部下を動かすにはどんな言葉をかければいいでしょうか」といった質問もよく受けます。こうした質問をするリーダーは普段、マネジメントスキルを駆使してチームの問題を解決しようと考えています。

スキルを活用することも必要ですが、リーダーが考えるべきなのは、「思うように動いてくれない部下が何を考え、どんな気持ちでいるのか」ということです。

マネジメントの「技」だけにこだわるのではなく、それを支える「心」をしっかりと確立させることが、効果的な「体」を生みます。

「心・技・体」の三位一体で考えることに

心・技・体がパフォーマンスをつくる

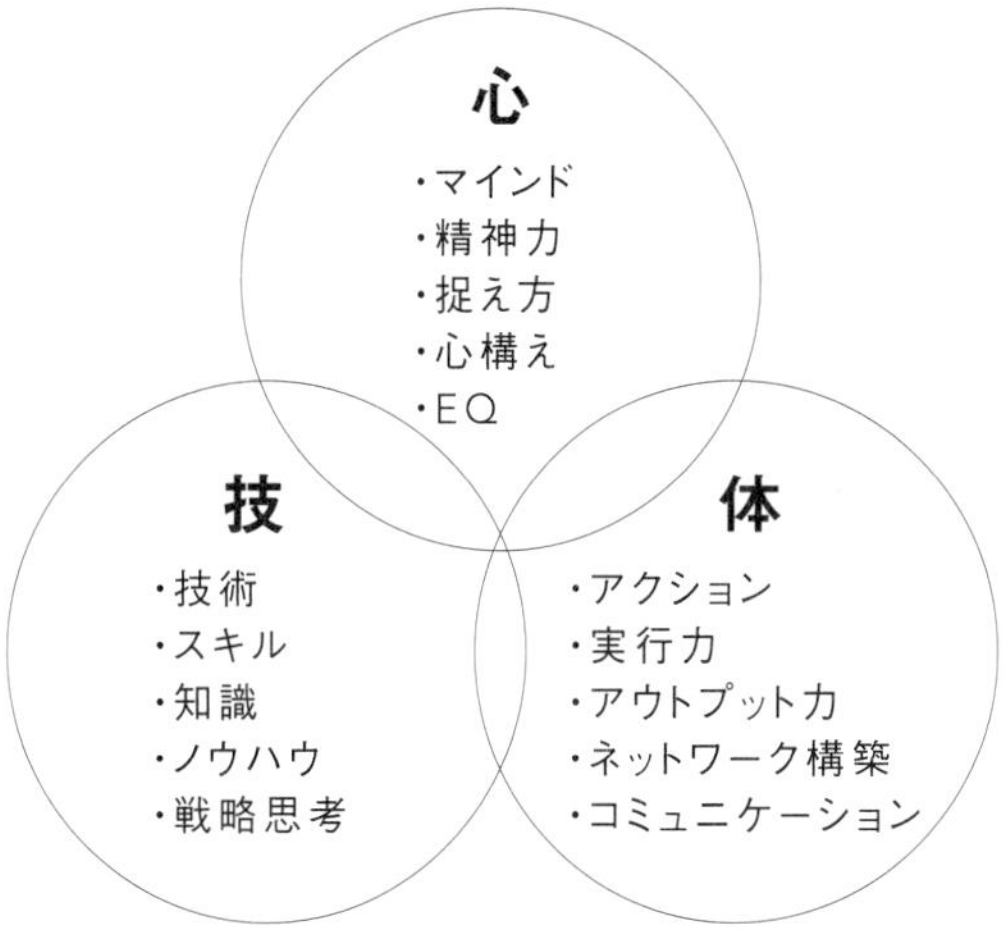

（著者作成）

よって、チームマネジメントの成果が変わります。これはチームビルディングの大前提として心に留めておいてください。

チームビルディングの成否のおよそ半分がリーダーのあり方に、残りの半分がリーダーの関わり方に影響を受けます。リーダーは自分を成長させるためにも、「心・技・体」をそれぞれ同じように伸ばしていく必要があるのです。

チームには5つの発達段階がある

「チーム」とは、目的や目標を共有し、その達成に向けて協力しながら活動する集団を指します。

では、年齢や社歴、バックグラウンド、価値観などが異なるメンバーが集まり、チームワークを発揮するには、どんなステップを踏んでいくのでしょうか。

私がチームビルディングを支援するプログラムで使用しているのは、次のページにある「タックマンモデル」です。これは、心理学者のブルース・W・タックマンが1965年に提唱したチームビルディングにおける発展段階のモデルのこと。チームの発展は、次の5段階に分けられています。

✓形成期――チームが形成される
✓混乱期――ぶつかり合う
✓統一期――共通の模範、役割分担
✓機能期――チームとして成果を出す
✓散会期――それぞれが新たな道へ

チームビルディングの形成期では、メンバー同士が多くコミュニケーションをとることが重要です。メンバーが、職務経歴や仕事の実績以外の部分について互いに自己紹介する際には、次のような情報を伝えることが多いのではないでしょうか。

「サッカーチームに所属しています」
「休みの日はよくキャンプに行きます」
「最近、海外ドラマにはまっています」

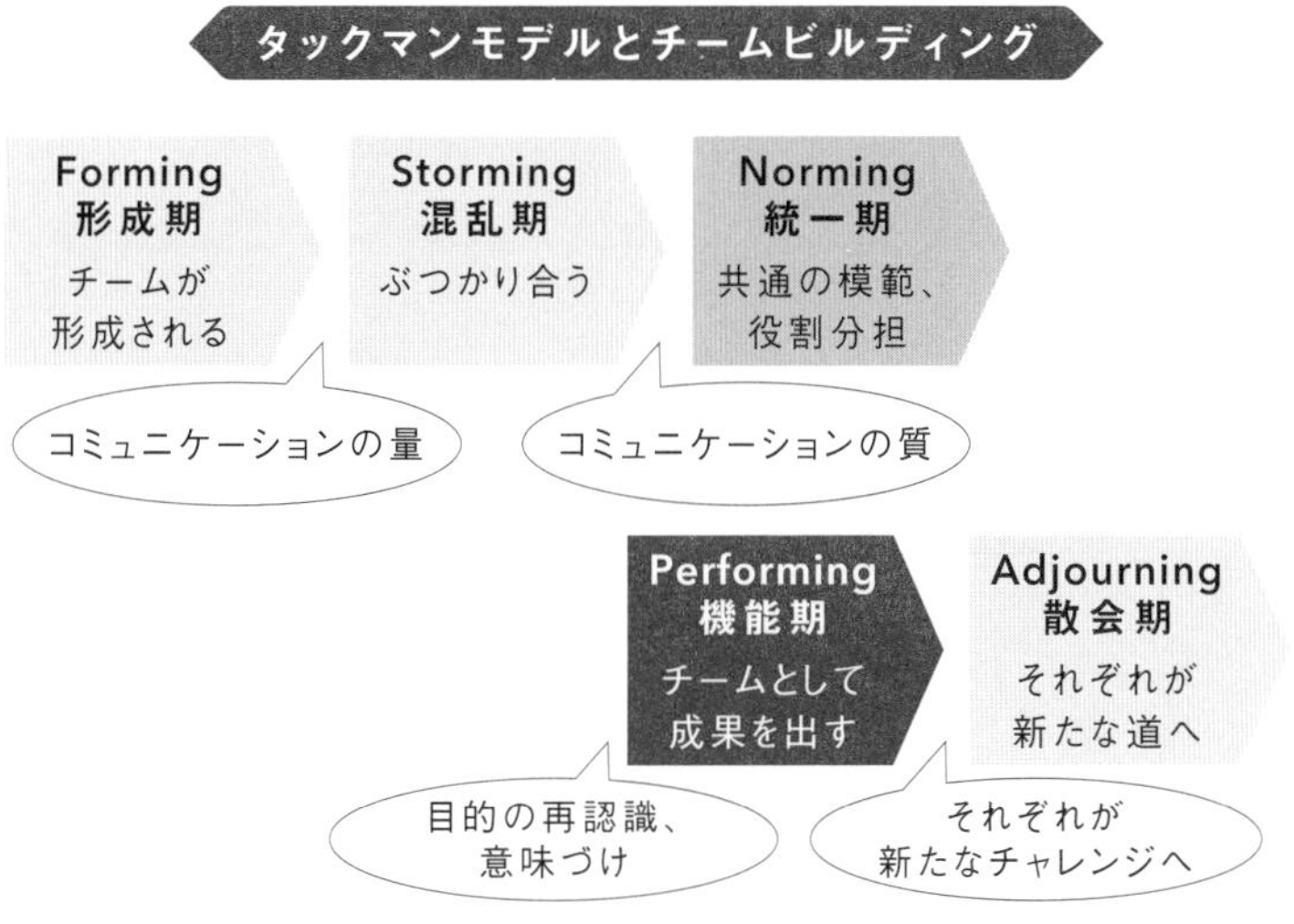

（注：タックマンは当初、4つの発展段階があると示した後、1977年に新たに散会期を加えて著者作成）

「子どもが1人いて、犬を飼っています」

しかし、これだけに留まらず、次のような特性を互いに知る時間を設けましょう。

「人生において、どんなことを大切にしているか」
「どんなときにテンションが上がるのか」
「どんなことに喜びや怒りを感じるのか」

メンバーの価値観の持ち方やものの感じ方について互いに共有し合うのです。

メンバー同士がコミュニケーションのボタンを掛け違えてしまう原因を探ると、根底的な「感情」のすれ違いがほとんどです。そしてそれは、互いの「感情」の状態を知らずにいるから発生してしまうのです。

言い方を換えると、メンバーも自分と同じ「感情」の状態だと勝手に思い込んで、メンバーが期待した通りに動いてくれなかったときに、人は怒ったりいらだったりします。

互いの「感情」の状態を知っていれば、それだけでもコミュニケーションのすれ違いはぐんと減らすことができ、よりスムーズに連携できるようになります。

第3章や第4章でも紹介した「ムードメーター」を、チームに活用してもいいでしょう。朝礼でメンバー同士が互いに報告し合ってもいいですし、重要なプロジェクトのミーティングの始まりと終わりに自分の状況を伝え合うのもいいでしょう。

繰り返しますが、人間はまったく同じ環境で同じように時間を過ごしていても、「感情」の抱き方には違いがあります。「この人は、こんなときにこんな気持ちになるんだ」といったことをメンバー同士が理解しておくことは、チームビルディングに非常に有効です。

例えば週1回の定例ミーティングを開くなら、週替わりでテーマを決めて、それぞれの喜怒哀楽を報告し合ってもいいでしょう。

この1週間で「うれしかったこと」「怒りを感じたこと」「悲しかったこと」などを互いに報告するのです。「この人は、こんなことが気になるんだ」「この人はこういうことに心が動くんだ」と、互いの「感情」の状態を知ることが他者への理解につながります。

仲間の「ノーブルゴール」を知っておく

「ノーブルゴール」とは、個人が抱く夢や目指したい姿、そこに到達するまでの生きざまのことを指します。それは言い換えれば、人生の目的や目標でもあります。

この人生の目標に向かって、日々の生活や活動の中で行動を選択することを「ノーブルゴールの追求」と言います。

ノーブルゴールの追求は、米国でEQの普及をリードするシックスセカンズ社のEQコンピテンシーの一つとしても紹介されています。

もちろん、多くの人が人生の目的や目標をいつも明確に抱いているわけではありません。むしろ日本では、それを意識している人のほうが少ないのかもしれません。

それでも、一人ひとりの話を聞いていくと、誰もが「人生をかけて達成してみたいこと」や「人生で大切にしたいこと」を持っていることがわかります。

「やってみたい」「大切にしたい」ことで、

春夏秋冬ワーク

夏（26〜50歳）	秋（51〜75歳）
春（0〜25歳）	冬（76〜100歳）

（著者作成、次のURLからダウンロードできます。https://is-plus.jp/download）

自分の人生を満たしていく。それぞれが目指す目標に向けて歩む人生の過程で、チームのメンバーは出会っているのです。

たまたま組織から役割を与えられて集まったメンバーではありますが、それを人の縁と捉えて、互いのノーブルゴールを知った上で関わることは、今の役割を超えてキャリアや人生にプラスの効果を生みだします。

「ノーブル」とは「崇高な」という意味ですが、何も人生の目的や目標が、世の中の誰もが認めるような崇高なものである必要はありません。一人ひとりの人生の中で、それぞれが描く理想の未来に向かって、ノーブルな生き方を選択しているとイメージできればいいのです。

ノーブルゴールを共有するため、私がワークショップで使うツールを紹介しましょう。人間の寿命が100年に延びることを前提に、人生を25年ごとに区切って春・夏・秋・冬とします。そして、それぞれの項目について、絵や記号（できるだけ文字以外）で表現してもらいます。

✓現在いる季節でもっとも夢中になっているものは何か
✓これから迎える季節では、何に夢中になっていたいか

✓これから迎える季節では、どのように過ごしたいか
✓すでに終わった季節に、もっとも夢中になったものは何か

このワークは、著述家の山口周さんとご一緒したときに伺った「100年人生を春夏秋冬として捉える」という話からヒントを得てワークにしたものです。チームのメンバーが互いの人生の目標を知るのに役立ちます。

目標設定でも「定性」に注目する

チームが編成されたら目標を設定します。その目標は、企業などの場合は通常、定量目標であることがほとんどです。営業部門であれば、売上高や顧客獲得数、スタッフ部門であれば中長期計画の達成率などです。チームの目標を設定し、それを達成するために仕事を切り分けて、メンバーそれぞれの目標に落とし込んでいきます。

ここで私がオススメしているのが、定量目標だけでなく、定性目標を設けることです。自分たちのチームが、「定性的にどう変化したいのか」を指標とするのです。

設定した定性目標は、関わる人がどんな「感情」になることで達成できるのか。言い換

えれば、「どうすれば、ワクワクできるようになるか」「チームにどんな変化が起これば毎日楽しく働けるのか」を言葉にするのです。

これは新しくできたチームに限らず、なかなか成果の出ないチームが変革を図るときにも有効です。古くから語り継がれるこんな言葉があります。

「同じことを繰り返し行い、違う結果を期待することを、狂気と言う」

定量目標を達成できていない状況で、今までと同じ行動や関わり、働きかけを続けていても、この先も目標の達成は叶いません。達成できたとしても、それは自分たちの行動によるものではなく、たまたまラッキーな環境変化によるものでしょう。

定量目標を達成するには、メンバーの気持ちや行動、関わり、関係性などを変化させる必要があります。そこで必要になるのが定性目標です。

私が企業に提供しているグループワークでは、まず参加者に10年後の世界をイメージしてもらいます。

仕事や働き方、生活はどのように変わっていて、どんな発明品が登場しているのか。メンバーそれぞれが付箋に書いてテーブルの上に並べていきます。よく出てくる意見は「女性首相が誕生」「自動運転が普及」「ニューヨークまで2時間で移動」「人間に識別チップの埋め込み」といったようなものです。

次に尋ねるのは、「10年後のわが社はどうなっているか」。ここでは、「業態が変わっている」「他社に買収されている」「正社員が半分になっている」といった意見がよく出てきます。

10年後の自社の未来像をイメージした後は、今のリソースの中で、強みとして活かせるものと変えるべきものについて意見を出し合うワークへつなげていきます。

こうして、「将来ありたい姿を実現するために私たちはどのように変わればいいのか」を考えてもらい、目標を設定するのです。

このとき、メンバーには自分の気持ちに向き合ってもらいます。「あなた自身はどう変化していますか」「目標が達成されたらどんな気持ちになっていると思いますか」などと質問を重ねます。大切なのは、本人がワクワクして働けることです。

ほとんどのメンバーはこう問われた経験がないので、最初は戸惑います。しかし、ワークを進めていくうちにさまざまな思いが出てきます。こうした思いの中から、チームとして目指す定性目標や、個人として目指す定性目標を言語化していけば、日々の行動や習慣も変わってきます。

その後、決めただけで終わりにならないよう、リーダーはメンバーに対して定期的な問いかけや発信を繰り返します。

アクションプランを自分で考える

チームの定性目標と、実現に向けた実践法の一例を紹介しましょう。

目標とするチームのあり方としてよく挙げられるのが、「全員が率直な意見を言い合い、活発な議論のできるチーム」です。

ただ目標としてはよく挙がる一方で、それを実現できているチームはそんなに多くはありません。リーダーに、会議でメンバーから意見が出る頻度を尋ねると、ほぼゼロであることも珍しくありません。

「何をするか」「どのようにするか」をリーダーが決め、メンバーはそれに従うだけというチームが多くを占めます。リーダー本人も、それを決めるのが自分の役割だと考えているようです。

しかし、リーダーが一方的に会議を仕切ると、メンバーの「感情」に気づくことはできません。リーダーは、「うまくいきそうだ」と手応えを感じていたプロジェクトでも、メンバーの中には、「やりたくない」と感じている人や、「この部分さえクリアになれば」などと思っている人もいるでしょう。ただ、メンバーが自分から気持ちを打ち明けるのは非常にハードルが高く、リーダーが促さない限り自発的に気持ちを伝えることはほとんどありません。

メンバーのアイデアをすくい上げることができなければ、そのチームはリーダーが考える発想がアイデアの限界になってしまいます。いくつもの頭脳を掛け合わせればアイデアは何倍にも広がるのに、非常にもったいないことです。

「全員で活発な議論ができるチーム風土をつくる」を定性目標に据えた場合、メンバーと一緒に、「どんな状態なら活発な議論ができるチームと言えるのか」などを議論し、その状態を言語化しましょう。

会議の場で話す内容や話す頻度、量を可視化するといいでしょう。会議中の様子を録画したり、第三者に会議に同席してもらったりして、メンバーそれぞれがどれくらい話しているのかを記録することもできます。最近では、オンライン会議でメンバーの端末ごとに音声を取得し、「誰が」「何について」「いつ」「どのくらい」発言したかを分析し、リアルタイムで画面上に表示するようなツールも登場しています。

客観的に見ると、発言の内容や頻度、量の偏りがわかるほか、メンバー一人ひとりの特性もつかめるはずです。

主語がいつも「私は〜」の人、「会社は〜」と第三者的視点の人、1 on 1ではいいアイデアを話すのに会議ではまったく意見を言わない人、良い意見なのに伝え方がうまくない人、話の流れを読まずに思いつきで発言する人――。

本来、どのメンバーの意見も大切です。それらを尊重し、メンバー一人ひとりが発言しやすい会議の進め方を工夫するなど、解決策を考えましょう。

また、別のチームでは、「仕事で成長を感じること」を定性目標としました。そのためのアクションとして、一つの仕事を2人体制で担当するようにしました。自分の考え方ややり方だけでなく、他者の考え方ややり方に触れて、仕事に対する視点や考えを互いに共有し、フィードバックし合うことで人は成長を感じられると考えたのです。このチームは翌年、見事な成果を上げました。

これらの定性目標と実践方法はリーダーが勝手に決めたものではなく、メンバーが自分たちで考え、言葉にしたものがベストです。自分たちで決めたことなら、やらされ感がありませんから。

EQの「3つの知性」「8つの能力」「24の素養」

定性目標を検討する際には、EQの項目を使うとわかりやすくてスムーズです。

ＥＱにはいくつかのアセスメントがありますが、今回は私の経営するアイズプラスでもっとも使用頻度の多いアドバンテッジリスクマネジメント社のＥＱＩ（行動特性検査）をベースに紹介します。

ＥＱは大きく3つの知性（「心内知性」「対人関係知性」「状況判断知性」）に分類され、さらに細かく「8つの能力」「24の素養」が定義されています。

ＥＱの発揮度合いを行動量から測るＥＱＩ検査では、3つの知性をもとに、8つの能力、24の素養の行動量が表示され、個人の特性を行動量で把握できます。

この診断から、個人の行動特性としての強みや弱み、ありたい姿と現状のギャップを理解し、自己開発のポイントを見極めていきます。

ＥＱは後天的に開発することができる上に、ＥＱＩ検査では目標とした一つひとつの素養について、向上させるための開発のヒントも提供されています。

アイズプラスでは、ＥＱＩ検査を組織全体を診断することで、定性目標を考えるためのベースとして活用しています。

例えば、「情緒的表現性」（喜怒哀楽を言葉で表現し思いを伝えること）に着目して、「○%の売り上げを達成する」（定量目標）ために、「メンバー全員がそれぞれのお客さまを今よりも理解し、お客さまとさらに強い信頼関係を構築できる状態になる」（定性目標）と掲

EQIの3つの知性・8つの能力・24の素養

知性	能力	素養
心内知性	自分で自分の心理状態を捉え、コントロールする知性	
	自己認識力	私的自己意識
		社会的自己意識
		抑鬱性
		特性不安
	ストレス共生	自己コントロール
		ストレス対処
		精神安定性
	気力創出力	セルフ・エフィカシー
		達成動機
		気力充実度
		楽観性
対人関係知性	相手に適切かつ効率的に自分の考えを伝える知性	
	自己表現力	情緒的表現性
		ノンバーバル・スキル
	アサーション	自主独立性
		柔軟性
		自己主張性
	対人関係力	対人問題解決力
		人間関係度
状況判断知性	相手の心理状態を把握し、自分と相手との間合いを敏感に察知する知性	
	対人受容力	オープンネス
		情緒的感受性
		状況モニタリング
	共感力	感情的温かさ
		感情的被影響性
		共感的理解

（注:EQIはアドバンテッジリスクマネジメント社の登録商標）

げた場合、「一人ひとりがお客さまを自分の親友のことのように知る機会をつくる、例えば〜」といった行動目標を設定するのです。

またワークショップなどで「チームをこういう状態に持っていくために、あなたなら何をしますか」とメンバーに投げかければ、「朝、チャットに『今日もハッピーに働こう』というフレーズを添える」「面談では口角を上げる」など、さまざまなアイデアが出てきます。

定性目標には正解がありません。それぞれが自分の仕事に向き合い、目標が達成されるステップを詳細に思い描きながら言葉にしていくことが大切なのです。

ＥＱＩ検査を受けなくても、メンバー

柔軟なキャリア構築の時代に必要なポータブルスキル

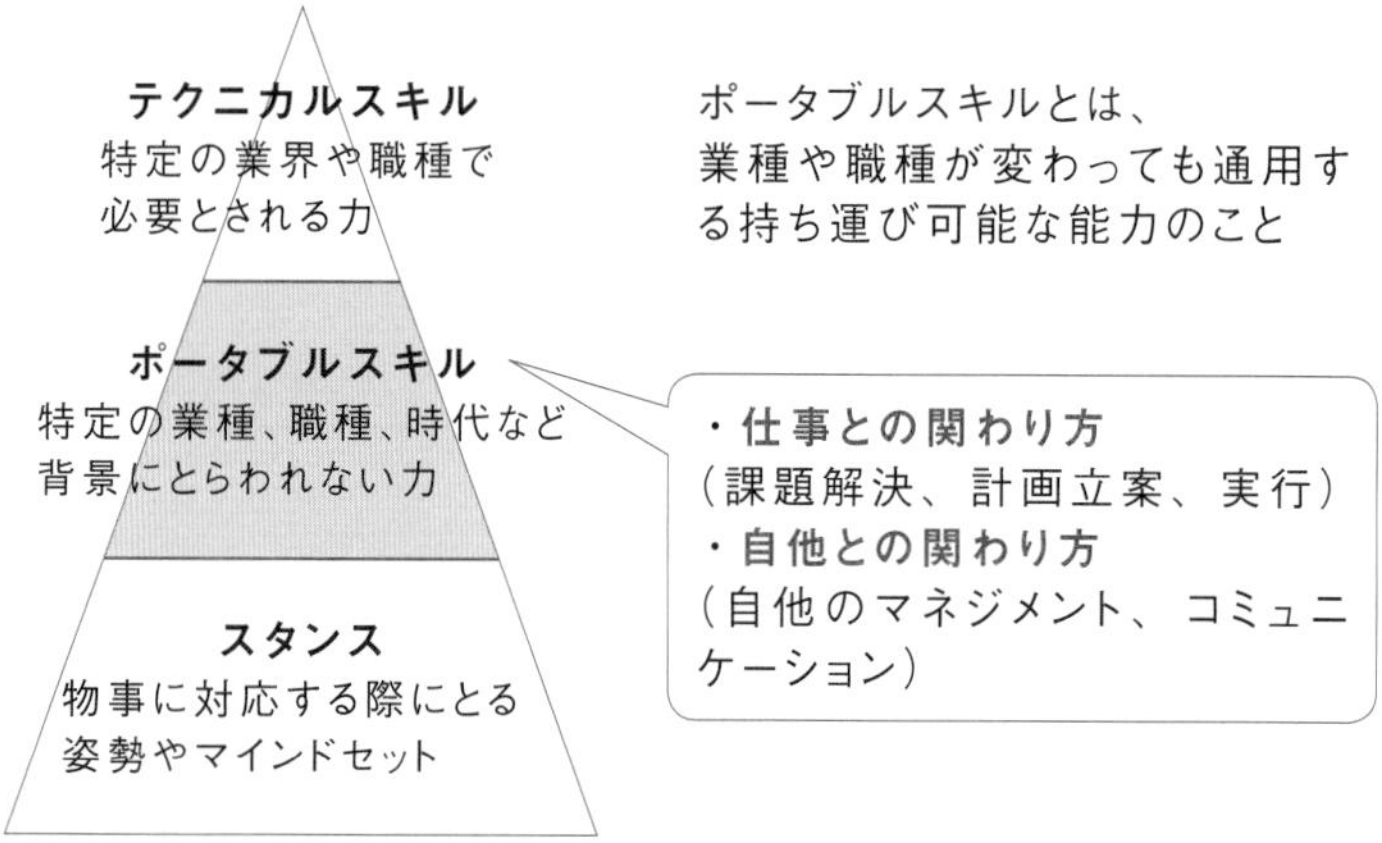

テクニカルスキル
特定の業界や職種で
必要とされる力
ポータブルスキル
特定の業種、職種、時代など
背景にとらわれない力
スタンス
物事に対応する際にとる
姿勢やマインドセット
ポータブルスキルとは、
業種や職種が変わっても通用する持ち運び可能な能力のこと
・仕事との関わり方
（課題解決、計画立案、実行）
・自他との関わり方
（自他のマネジメント、コミュニケーション）

（注：一般社団法人人材サービス産業協議会資料を参考に著者作成）

とともに定性的な行動を議論して言葉にすることはできますから、参考にしてみましょう。

EQの項目は、さまざまな人材開発プログラムで指標とされる「コンピテンシー（高業績者に共通して見られる行動特性）」、厚生労働省が定義している「ポータブルスキル（業種や職種にとらわれず持ち運びできるスキル）」などの項目と多くの部分が共通しています。また経済産業省が提唱する「人生100年時代の社会人基礎力」でもEQが紹介されており、日本でも社会人向けの人材開発に活用されています。

混乱期に重要な「コンフリクト・マネジメント」

チームビルディングのプロセスでは、必ず混乱期が訪れます。

わかりやすい例を挙げると、「○○さんが、やると言ったことをやっていない」「自分ばかりに負担がかかっている」「リーダーの指示に一貫性がなくてやる気が出ない」といった不満が噴出するタイミングです。

「コンフリクト」とは意見や利害の衝突、葛藤、対立のこと。「コンフリクト・マネジメント」とはそれらを解消し、共通の目的に向かって進めるようにするスキルのことです。

混乱期も、メンバーの状況を知ったり「感情」に目を向けたりすることで、互いに理解し合えるようになります。リーダーには混乱期に入ったら適切な「コンフリクト・マネジメント」を実践する力が求められます。

双方の関係性がWin-Winとなるような関わり方を目指し、第4章でお伝えした3つのステップで解決を図ります。

✓Fact——事実を共有する
✓Emotion／Express——互いの「感情」を知る、伝える
✓Suggestion／Solution——解決策を提案、実行

コンフリクトの正体は多くの場合、仕事の条件や解釈の相違ではなく感情的な対立です。

実際、過去にはクライアント企業からこのような相談を受けたことがあります。

「海外から着任した外国人の上司と日本人メンバーの間に溝ができている」

そこで私が、相互理解や相互の関係構築を促すセッションを実施したところ、互いの状況に「感情」に対する認知不足が浮き彫りになりました。

外国人上司は営業のトップとして着任しましたが、メンバーにはほとんど英語を話せる人がいませんでした。上司は日本語を勉強しているものの、すぐに上達するわけもなく、会話はすべて通訳を介していました。そのため、どうしても日本人のメンバーはコミュニケーション量を抑えるようになっていました。

そんなコミュニケーション不足の中で、ある事件が起きます。外国人上司がメンバーと一緒に顧客を訪問したとき、上司は取引先からもらった名刺をくるくると手でもてあそび、最後にはポケットにぞんざいに突っ込んだのです。その様子を見ていたメンバーはとても悲しくなったそうです。

「日頃からお客さまと良好な関係を築くために必死に努力しているのに、それを踏みにじられた」「自分たちはバカにされているんじゃないか」と。しかし、その気持ちを上司に伝えずにいました。

一方の上司に悪気はありません。母国では、日本のように名刺を丁重に扱う慣習がなく、自分の行為が失礼に当たるとは思ってもいなかったのです。当然、メンバーの気持ちに気づくことはありませんでした。

コンフリクト・マネジメントではまず、Fact（事実を共有する）ことから始めます。今回は、それぞれによって互いに成果を出したい気持ちが強いことが確認できました。

次にEmotion／Express（互いの「感情」を知る、伝える）のステップに移ると、互いに相手をよく知りたいと思っていることが判明しました。その上、外国人上司には早く成果を上げることへの焦りがあり、日本人メンバーには外国人上司に対する恐れや遠慮があることがわかりました。

そこでセッションでは、仕事に直接関係ないテーマで互いを「人として知る」「働く動機を知る」ことからスタートして、チームビルディングに取り組んでいったのです。

こうしてSuggestion／Solution（解決策の提案、実行）の段階では、定期的な1 on 1を実施。外国人上司は「感情」「動機の理解」「個別の状況」といった観点から、メンバーとの関係性の構築に時間を使うようにしました。

セッションを実施してから1週間後、この外国人上司から連絡をもらいました。

「初めてメンバーからランチに誘われたんだ。僕から誘うことはあっても、彼らから誘われたことはなかったから、とてもうれしいよ」と喜んでいる様子でした。

コンフリクトは、チームを構築する過程で必ず起こります。互いが思いを持って目的を達成しようとしているからこそ起こるのです。

コンフリクトが起こることは健全なチームの成長過程。そう捉えて、メンバー一人ひとりと意図を持って関わることで、その後の成果につながっていきます。

時に必要なオフサイト・ミーティング

外国人上司と日本人メンバーという極端な例を挙げましたが、たとえ日本人同士であっても、基本的な考え方や価値観、育ってきた環境などの違いによって、「感情」のすれ違いが発生することは珍しくありません。

多くのチームが結成されて数カ月から半年、あるいは1年以内に混乱期に直面します。そんなとき、外部のファシリテーターを活用してコンフリクト・マネジメントを手がける企業はまれでしょう。むしろリーダーが自分でコンフリクト・マネジメントに取り組まなければなりません。

リーダーがもし「思い描くチームの姿からズレている」と感じているなら、半日から一日ほど時間をとって、チームのあり方をメンバーと一緒に話し合う機会をつくるといいでしょう。

半日以上業務を止めることはためらわれるかもしれません。しかし、ここで解決しておかなければ、チームの溝はますます深まりパフォーマンスは落ちる一方です。

コンフリクトが発生してから動くのではなく、チームを結成した段階で、「この時期にチームについて話し合う時間を持つ」と決めておいてもいいでしょう。例えば「3カ月ごとにミーティングを実施する」などと先に決めてしまうのです。

自動車だって飛行機だって、定期的なメンテナンスが必要です。同じように、チームもリーダーがメンテナンス時期を決めて宣言することで、メンバーの健全性が保たれます。

ミーティングの目的は、メンバーが互いに理解を深め、関係性を維持し、より良い状態で目標に向かえるようにすることです。マイナスをゼロに戻すだけではなく、メンバー全員が少しでも「楽しかった」「自分たちの将来につながるヒントになった」と感じられるのが理想です。

そのためには、ミーティングの内容を記録に残すだけでなく、メンバーの記憶に残すことが大切です。

例えばオフィスを離れてオフサイト・ミーティングを開催し、非日常的な空間で話し合ってみてはいかがでしょうか。オススメは、五感を磨ける山や海といった自然のある場所や、ホテルのミーティングルームなどです。あるいは遊びの要素を取り入れるのも有効です。

オンライン上でも工夫次第で非日常を感じるミーティングは開催できます。ある外資系企業では、イタリア人リーダーが音頭をとって「イタリアンフェスタ」と称し、ランチタイムにチームの全員が仮装してイタリア料理を食べるというオンラインイベントを開催していました。フェスタそのものの評価よりも、こうした企画を考え、メンバーを楽しませようとするリーダーの気持ちが伝わり、信頼感が増したそうです。

単に話し合うだけではなく、特別な仕掛けでメンバーの気持ちを盛り上げ、記憶に残すことでコミュニケーションを促進するのです。

モヤモヤを解消する「タニモヤ」

「組織の目的や目標は毎回共有しているのだけど、それをメンバーが自分事として捉えてくれない」。こう悩むリーダーは多いようです。

チームとして同じ目的や目標を目指すには、それぞれの持ち場で働くメンバーと一堂に会し、目的や目標を共有して議論をするワークショップを開催するといいでしょう。

私が普段実践しているワークショップ「タニモヤ」を紹介します。

パーソルキャリアがサイト上で公開している「タニモク」というプログラムがあります。これは他人に自分の目標を立ててもらうことで、新たな発見を目指すワークのことです。

ここからヒントを得て、パーソルキャリアにも了承を得てプログラムを作成しました。

私の開発した「タニモヤ」ワークでは、組織の目的や目標は理解しているけれど、それでもモヤモヤしていること、つまりは目標達成の障害をワークショップの参加者全員に書きだしてもらいます。

「他部署との連携がうまくいかない」「トップが現場を理解していない」「研修が不十分」など、さまざまなモヤモヤが出てきます。

その後、グループになって、誰か一人のモヤモヤについて、みんなで解決策を考えていきます。さまざまな視点からアイデアを出し、明日から行動に移せるような具体的なアドバイスを考えていくのです。

モヤモヤを取り上げてもらった人は、事前に決めておいた指標をベースにフィードバックと感想を発表します。「タニモヤ」ワークを終えると次のような感想が寄せられます。

「タニモヤ」ワークショップの例

Agenda	
1.チェックイン「ムードメーター」	チェックインでムードメーターを活用すると、一人ひとりの状態がわかる
2.リーダーが目標共有	リーダーが組織の目指す姿を共有する
3.「タニモヤ」ワーク	目標に対して、「モヤモヤする」課題についてメンバーが書きだし、別のメンバーたちがその解決策を提案する
4.発表	
5.振り返り	「タニモヤ」ワークを振り返る
6.チェックアウト	チェックアウトでは、メンバー一人ひとりの感想や宣言、気持ちを共有

（著者作成）

✓みんな、同じようなことで悩んでいるのだと知れて良かった
✓誰かの課題解決に自分の経験や意見が役に立つことがわかった
✓若手だけでなく、上位職にも悩みがあるんだと気づいた
✓互いのことを知るきっかけになった

このワークはチーム単位で、そして時には数百人規模で、オンラインでも実施していま す。メンバーがどんなことにモヤモヤしているかを知る機会となり、課題について一緒に考えることで、相互理解、相互解決するチームづくりにもつながります。

統一期や機能期にエンゲージメントを高める技

チームの発達段階の中で、共通の模範を持って適切に役割分担する統一期や、チームとして成果を出す機能期。これらの時期にはチームのエンゲージメントを高めることが重要になります。

「エンゲージメント」という言葉は定義が曖昧で、企業によっても解釈が違います。自社に対する従業員の「忠誠心」「思い入れ」「愛着」などとも言われますが、本書では次のよ

うに定義しています。

エンゲージメントとは、「企業と従業員が相互に影響し合い、ともに必要な存在として絆を深めながら成長できる関係を築いていくこと」。言い換えれば、「働きがい」を高めるとも表現できます。

世の中では「働き方改革」が叫ばれていますが、それらは労働時間の削減や有給休暇の取得率向上、男性の育休取得率の向上など、定量的な目標の下で進められています。

一方、働きがいとは、「この会社で働くことで成長できる」「この会社で働いて楽しい」といった心の満足度や幸福度のこと。働き方改革と同時に働きがい改革に取り組むことも大切です。

経営理念に「お客さまを笑顔に」「人々の幸せに貢献」などと掲げている企業でも、従業員の笑顔や幸せに配慮していないケースもたくさんあります。外向けのブランディングを、社内向けにも同じように実践していかなければ、真の意味でお客さまにもその価値を提供することはできません。

そこで必要になるのがエンゲージメントなのです。エンゲージメントを高める必要があるのは会社と従業員だけでなく、リーダーとメンバーや、メンバー同士の間でも同じです。

そこでここからは、チームのエンゲージメントを高める方法を紹介します。

「Q12」でチームのエンゲージメントを測る

「チームのエンゲージメントを高めたいが、時間も予算もない。何かいい方法はないか」

そんな相談をよく受けます。こう聞かれたときに私がオススメしているのが、米国の調査会社ギャラップ社が開発した「Q12（キュー・トゥエルブ）」です。

これは、組織の業績をエンゲージメントの観点から測る12の質問で、チームにおけるリーダーの役割達成、自分への期待、関わり度合い、成長実感度合いなどが網羅されています。私の経営するアイズプラスでは、オリジナルを一部改訂し、それぞれの職場で使えるようにしています（次ページ参照）。

リーダーは、この「Q12」を活用して、メンバーに1～5点をつけてもらったり、1on1で話し合ったりして、課題をつかんでみましょう。結果を見れば、チームの強みと弱みがわかるはずです。またリーダーがこのリストを意識して行動するだけでも、メンバーのエンゲージメントを高めることができます。

職場のエンゲージメントを高める12の質問

以下の質問に対して、項目ごとに5点満点で点数を付けてください。

項目	点数
1. 仕事で自分が何をすべきか、要求されていることがわかっている	
2. 仕事を適切に遂行するために必要な材料や道具がそろっている	
3. 最高の仕事ができる機会に毎日恵まれている	
4. この1週間で、仕事の成果を認められたり、ほめられたりしたことがある	
5. 上司や同僚は自分を一人の人間として認めて、接している	
6. 仕事で自分の成長の後押しをしてくれている人がいる	
7. 仕事で自分の意見は尊重されていると感じる	
8. 企業のミッションと照らし合わせて、自分の仕事は重要だと感じている	
9. 同僚は質の高い仕事をしている	
10. 職場に仕事のことを相談できる友人や同僚がいる	
11. この半年間で、職場で自分の進歩や進捗について話し合う機会があった	
12. この1年間で、職場で学習し成長する機会があった	

完全に当てはまる（5点）　やや当てはまる（4点）　どちらともいえない（3点）
やや当てはまらない（2点）　完全に当てはまらない（1点）

（注：米国ギャラップ社の「Q12」を一部変更して著者作成、次のURLからダウンロードできます。https://is-plus.jp/download）

エンゲージメントを高める3つの要素

私は通常、チームばかりでなく、組織や会社などで本格的にエンゲージメントを高めるために、次の3つのポイントを中心にコンサルティングやプロジェクトを進めています。

(1) 共感(理念、目標、バリュー、ビジョン、リーダーなどへの共感)
(2) 関わり(声かけ、コミュニケーションの質と量の工夫、組織内の関係強化)
(3) 成長実感(この組織にいて成長しているという実感)

リーダーがチームのエンゲージメントを高める場合も、この3つのポイントを意識してください。それぞれの要素について、具体的に高めていく方法をお伝えします。

(1) 共感を高める方法

✓会社理念、企業価値やミッションを理解し、自分の言葉でメンバーに伝える
✓チームの目標が共有され、日々の業務でも言葉やイメージが共感されている

✓リーダーのリーダーシップや個人的な思いに対して共感が持たれている

（2）関わりを高める方法

✓チームに安心安全な場をつくり、メンバーの議論や対話が生まれる雰囲気をつくる
✓コミュニケーションの質（内容や視点）と量（頻度や時間）を意識し、コミュニケーションが活性化するための工夫をする
✓互いの状態や状況を理解、尊重し、助け合う風土をつくる

（3）成長実感を高める方法

✓メンバーが、自分の仕事が顧客や周囲にどんな影響を与えているのかを理解し、自律的に仕事をする権限を得て、仕事に意味を見いだせるようにする
✓会社の研修制度の有無にかかわらず、メンバーがそれぞれのキャリアゴールに向けて学ぶ機会を得られるようにする
✓日々の仕事から互いの成長を感じられる雰囲気や習慣をつくる

エンゲージメントとは本来、これから結婚して家庭を持つ人が結ぶものです。一緒に家

庭をつくるという目的に向けて、2人が力を合わせて進み、信頼と補い合い、愛情で一つのチームになるために必要なものです。

私は企業やチームのエンゲージメントも、これと同じだと考えています。

単なる人の集合体であるグループとは異なり、チームには同じ目的を共有し、困難に直面しても互いの力を合わせて乗り越えていく意志と行動が必要です。エンゲージメントの高いチームは、互いの愛情をベースに、信頼と補い合う気持ちを持って目標を達成していきます。

企業の中でもエンゲージメントの高い社員は離職率が低いといわれています。またエンゲージメントが持続的に高い状態だと、企業の営業利益の伸びも、そうでない場合に比べて約3倍も高くなるそうです。

エンゲージメントを持続的に高めるメリットは、単にメンバーの感情的な結束力を高めるだけでなく、経営にも大きなインパクトを与えるというわけです。

リモートワークでエンゲージメントを高める方法

コロナ禍以降、リモートワークに移行したチームも多いのではないかと思います。そこで、リモートワークでもエンゲージメントを高められる4つの方法をお伝えします。

(1) 多様なツールを使い分けること

リモートワークでコミュニケーションの質や量を落とさないためには、やりとりの内容や相手によってツールを賢く使い分けることが大切です。

社外のパートナーも巻き込んで資料を共有する場合はメール、社内のプロジェクトメンバーで仕事を進める場合はチャット（メッセンジャーツール）、そして時にはメンバー一人ひとりと電話で話してみましょう。

メンバーの事情（リモートワークの周辺環境や家事・育児の状況など）や目的に応じて、メールやチャット、オンライン会議システム、電話などを使い分けましょう。

コミュニケーションツールをメンバー全員が同じように使えるよう、パソコンやWi-Fi環境のサポート、スキル面の強化などを進めることも重要です。オンラインのコミュニケーションでもっとも注意したいのは、ツールについていけない人をなくすことです。

またオンライン会議中に、あえて付箋に書きだしてメンバーで共有したり、あえてメンバーに同じノートを配ったりするなど、アナログツールと組み合わせてもいいでしょう。

(2) スピードと頻度に合わせて選ぶこと

リモートワークを導入した結果、働きすぎてしまう人も多いようです。当たり前ですが、朝に集中できる人もいれば、夜型の人もいます。一人ひとりが集中できる時間や長さを把握し、自律的に時間を管理できるように支援することも、リーダーの重要な仕事です。

メンバー一人ひとりが、適切なオンとオフの時間を維持できるよう、仕事に集中する時間やスケジュールを互いに把握し、配慮するようにしましょう。

また仕事の緊急度を共有して、適切なスピード感や頻度でコミュニケーションをとるように配慮をしましょう。例えば、定例ミーティングの時間はあらかじめ決めておいて、一人ひとりが仕事に集中する「集中タイム」などは、共有カレンダーで可視化するといいでしょう。それによって、互いに配慮しながら集中とゆるむ時間のメリハリがつけられます。

また夜10時以降は緊急の内容以外はメッセージをしないなど、チームでグランドルールを決めておくのも有効です。

(3) 表現方法を工夫すること

各ツールによるメッセージの適切な表現方法を工夫しましょう。オンライン会議の顔出しや声出しのグランドルールを決めておくのもオススメです。またモニター越しでは相手のリアクションや表情がわかりにくいため、リアルで対面するよりも少し大げさに表現する配慮が必要です。

ちょっとした会話をスムーズに進めるためにチャットがあるのに、社外向けのメールのように、冒頭に「お世話になっております」などのあいさつを入れて本題を始めるのは適切ではありません。目的に沿ったツールの選択と、目的に沿った表現の選択に配慮しましょう。

モニター越しの表情やアイコンタクト、うなずきなどのノンバーバルコミュニケーションは意識して大げさなくらいにしたほうが、好意の表出や印象の管理にポジティブに影響します。

(4) 雑談を増やしていくこと

メンバーが互いを知るために雑談は重要です。しかし、オフィスでは何気なく雑談ができても、オンラインでは会議が終了次第、ミーティングルームを退室することが増えています。雑談の時間は安心安全の場づくりや視点を広げる機会と捉えて、意図的に設けることをオススメします。

例えば、毎回の会議ではチェックイン（会議前にメンバーの状態や気持ちを共有する）を実施し、自分のことを自分の言葉で伝えるようにしましょう。チェックインの内容は決して難しいものではなく、「今、感じていること」や「この1週間で楽しかったこと」など、気軽に答えられる内容にしましょう。

こうした機会を持つことで、自分のことを自分の言葉で話すことに慣れていきます。何気ない雑談は安心安全の場があってこそ成り立ち、創発的なアイデアを生みだすきっかけにもつながります。

私の経営するアイズプラスでは、会議のチェックインで第3章と第4章でも伝えた「ムードメーター」を活用しています。メンバーが自分のエネルギーとフィーリングを報告し合うことで、互いの機嫌や状態がわかります。

メッセンジャーツールに雑談用のスレッドを用意しておくのもいいでしょう。私のチームでも「池照のつぶやき」というスレッドを立て、ちょっと気づいたことをつぶやいたり、気になった記事をどんどん投稿したりしています。つぶやきにメンバーが反応して話が深まったり、広がったりすることがあります。

繰り返しますが、チームビルディングで大切なのは定量目標と同じように定性目標も定義して、チーム全体のエンゲージメントを高めることにあります。

チームには5つの発達段階がありますが、それぞれの段階で「メンバーの感情」に配慮してコミュニケーションの量や質を見極めていくこと。そのためにも、リーダーとメンバーが互いに納得できる目標を設けることが大切です。

リーダーはつい一方的に「メンバーが思うように動いてくれない」と悩んでしまいます。しかしそう考えるのではなく、メンバーが何に頭を悩ませているのかを、表情や行動から観察して「メンバーの感情」を目指す方向へ導いていきましょう。

最終章では、エンゲージメントが高くハイパフォーマンスを発揮するチームを築くため、リーダーがどのように「感情」をマネジメントしながらチームと関わるのかを紹介します。

第6章

「感情」でつまずかない新しいリーダーの姿

直前の第5章では、チームビルディングやチームのエンゲージメントを向上させるための手法やツールについて紹介しました。

しかし、それらを導入すればチームの結束が強くなったり、メンバーのエンゲージメントが上がったりするわけではありません。成果につながるかどうかはリーダーの心の状態に左右されます。

最終章では、リーダーがいかに「自分の感情」をマネジメントし、「感情」をうまく生かしてメンバーに関わるか、そしてどのようにEQを高めていくのかについて、解説していきます。

リーダーシップとは、一体どういうものでしょうか。

おそらく一人ひとり、理想とするリーダーシップ像は異なると思います。

ウォレン・ベニス&バート・ナナス著『LEADERS: The Strategies For Taking Charge』によると、リーダーシップの定義は850もあるそうです。

それだけ多岐にわたるということは、誰かが提唱した「リーダーとはこうあるべき」という姿に縛られるのは、あまり意味がありません。リーダー本人が「こうあろう」と決めればそれでいいのです。

それぞれが、その人らしい851番目のリーダーシップの定義をつくればいいのです。

これまでは、大量生産や大量消費、プロダクトアウト（製造者の発想で商品の開発や生産、販売といった活動を行うこと）が主流でした。しかしこれからは、より多様な価値観やニーズに対応するため、マーケットイン（買い手の立場に立って、買い手が必要とするものを提供すること）の視点が欠かせません。

この変化に対応し組織も変わらざるを得ません。リーダー一人が絶大な力を持ち、明確なヒエラルキーを設けてトップダウンでチームを運営していくマネジメントスタイルは、これからの時代には通用しなくなるはずです。

むしろ必要なのは、メンバー一人ひとりが自身の役割においてリーダーである意識を持って協働するようなフラットな組織形態。メンバー一人ひとりが自らを導くようなチームのほうが、高いパフォーマンスを発揮しやすくなっていきます。

こうした時代の変化を踏まえた上で、リーダーやマネジャーは、誰もが自分らしいリーダーシップを定義することが大切なのです。

リーダーに必要なメンバーを尊敬する姿勢

今後は役職にかかわらず、メンバー一人ひとりが、「自分が仕事と人生のリーダーである」という自覚を持つ必要があります。

その状態に導くために意識すべきなのが「ピグマリオン効果」です。これは、他者から期待されることで学習や作業の成果が上がるという教育期待効果を指します。米国の心理学者ローゼンタールが、「教師からの期待の有無が生徒の学習成績を左右する」という実験結果をもとに報告したものです。

『ピグマリオン』とはギリシャ神話の戯曲の一つですが、わかりやすい例に、オードリー・ヘプバーンの代表作の一つである映画『マイ・フェア・レディ』があります。オードリーが演じるのは下町生まれで粗野な言葉遣いをする花売り娘のイライザ。そんな彼女を、言語学の教授がレディに仕立て上げるストーリーです。

この映画の中で、イライザが見事にレディとして成長を遂げたポイントは、「何を教えられたか」ではなく「どう扱われたか」でした。彼女はレディとしての扱いを受けることで、本物のレディになっていったのです。

リーダーはメンバーに対して、「教える」「育てる」という意識が先行するあまり、ともするとメンバーを一人のプロフェッショナルとして尊重する意識に欠けてしまいます。

さまざまな企業のマネジャーと話していても、「リーダーが考えたことをメンバーに伝えて、ついてきてもらうのがマネジャーの仕事だ」と考えている人が少なくありません。

しかし、リーダーがメンバーを信頼し、一人のプロフェッショナルとして扱えば、メンバーは主体性を持ち、自分の担当業務においてリーダーシップを発揮し、自分事として役割を遂行するようになります。

こう伝えると、「私はメンバーを尊重している」と反論するリーダーもたくさんいます。しかしメンバーに話を聞くと、「尊重されているとは感じていない」と答える人が多いのも事実です。たとえリーダーに気持ちがあっても、それを言葉や態度で示さなければ、思いは伝わりません。

メンバーを尊重することと、それを態度で示すこと。上から目線で指示するのではなく、プロフェッショナルであるメンバーの仕事を支援するリーダーになることが、強いチームづくりの第一歩となります。

ＥＱはトレーニングで高められる

リーダーがチームに対してＥＱを発揮するには、大きく４つの観点が必要になります。

（１）自己認識：自分の「感情」を自覚し、理解しているか
（２）対人理解：他者の「感情」を観察し、理解しようとしているか
（３）自己管理：自分を理解し、適切にマネジメントしているか
相手との適切な関係性を構築し、維持しているか
（４）関係性のマネジメント：ありたい姿に向かい、意図を持って行動を実施しているか
自分の「感情」に誠実な行動であるか

例えば、「新たなチームで、目標達成に向けて一体感を強めたい」という目標を立てたら、「新しいメンバーばかりで自分も緊張している」（自己認識）、「相手をきちんと知ろう」（対人理解）、「多様な価値観の人がいることを認めよう」（自己管理）、「方針をきちんと伝えよう」（関係性のマネジメント）と考えて、自分の気持ちをマネジメントすることからスタートします。

これらを、誰に教えられることもなく自然にやってのける人が、子どもの頃からクラスに一人はいたと思います。勉強ができて、先生やクラスメイトとソツなくコミュニケーションをとり、クラスの雰囲気をリードする振る舞いができる人です。

経営者にはこのタイプが多く見られます。私が企業の人事担当者からコンサルティングの依頼を受けてこの4つの要素を話すと、同席した経営者からは、「そんなの当たり前じゃないか」と言われることもあります。

経営者本人は意識せずに自然にできている（もともとEQが高い）ため、重要性がわからないのです。「それができない人が多いのです」と伝えると、解せない顔をさ

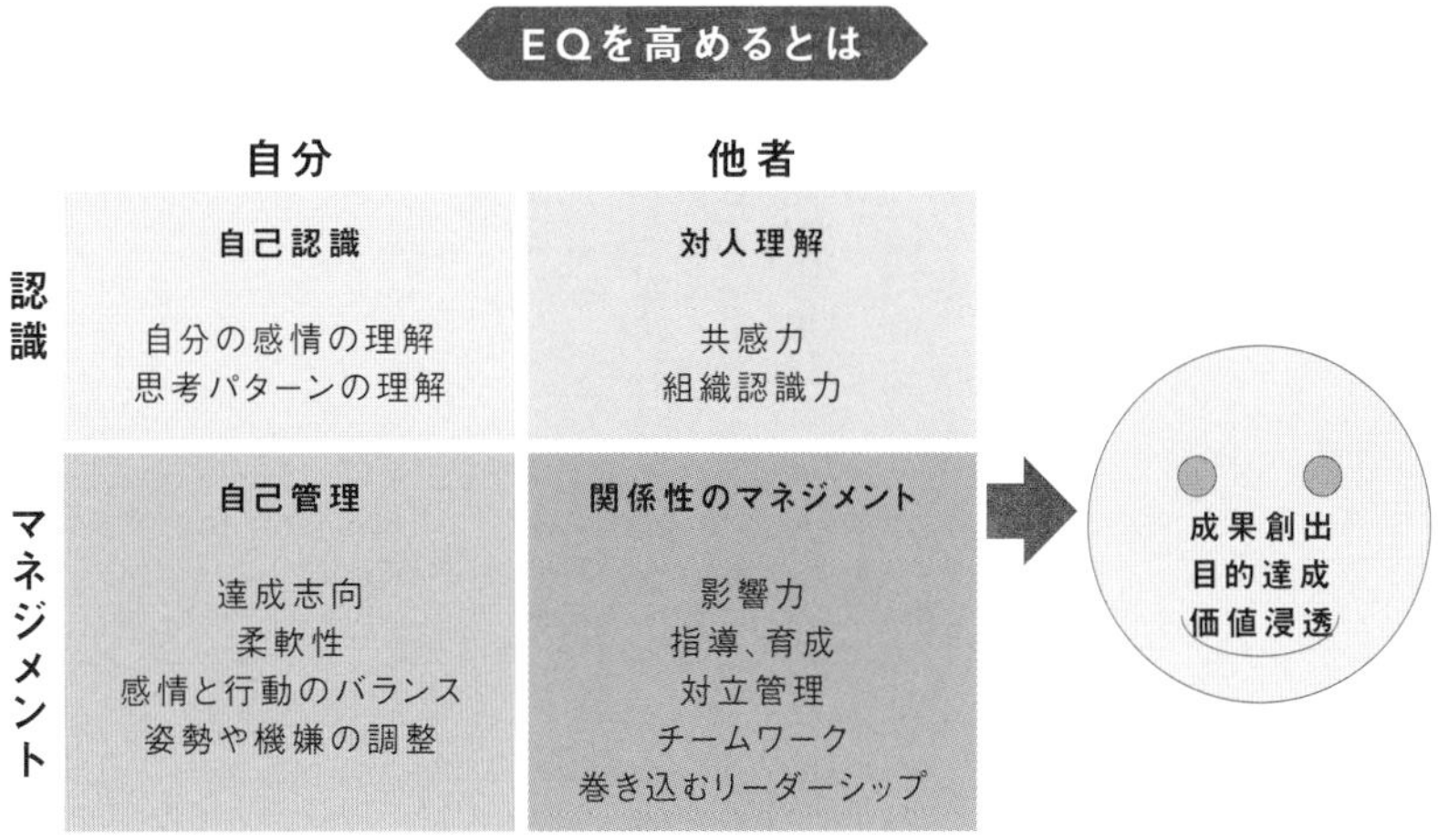

（注:Harvard Business Review 2018、ダニエル・ゴールマン、ミシェル・ネバレスより、著者作成）

れたりします。

ＥＱがもともと高く、多くの人を巻き込んでプロジェクトをリードし、昇格していくような人の姿を見て、「あの才能やセンスは天性のものだ」「自分にはまねができない」と自信を失う人も多いのではないでしょうか。

しかし、そんなことはありません。ＥＱは後天的に自己開発して高められます。

私自身、昔はＥＱの低いリーダーでした。そしてＥＱを学んで、「もっと早くに教えてもらえればできたのに」と強く感じたものです。

私のように、知ることで少しずつ行動できるようになる人が多くいるはずです。

まずは意識をしてみること。意識をすれば行動が変わります。私自身、今もＥＱを高めようと自己開発の最中で、この自己開発を通して、自分も周囲も変化していると実感しています。

チームエンゲージメントを高めるリーダーの振る舞い

私が提供する組織開発プログラムでは、チームビルディングやチームワークに必要な力の定義や項目について、参加者のみなさんで話し合ってもらいます。

私が定義づくりをすべて実施することはありません。それぞれの会社がもともと持っている企業風土や強みを活かさなければ、根づかないと考えているからです。

第2章と第4章でも紹介した「TEAM」を、そのままチームエンゲージメントを高める指標として使うこともあります。

「TEAM」のうち、「自分のチームに必要ないと思われるものは省き、他に必要なものを加えて調整してください」と伝えているのですが、ほとんどのケースで4つの要素の大切さを納得してもらえます。そして、「大切なことはわかっているのに、なぜうまくできないのだろう」という疑問を抱くのです。

TEAMをつくるリーダーシップ

メンバーを巻き込み、自分らしいリーダーシップでTEAMをつくる

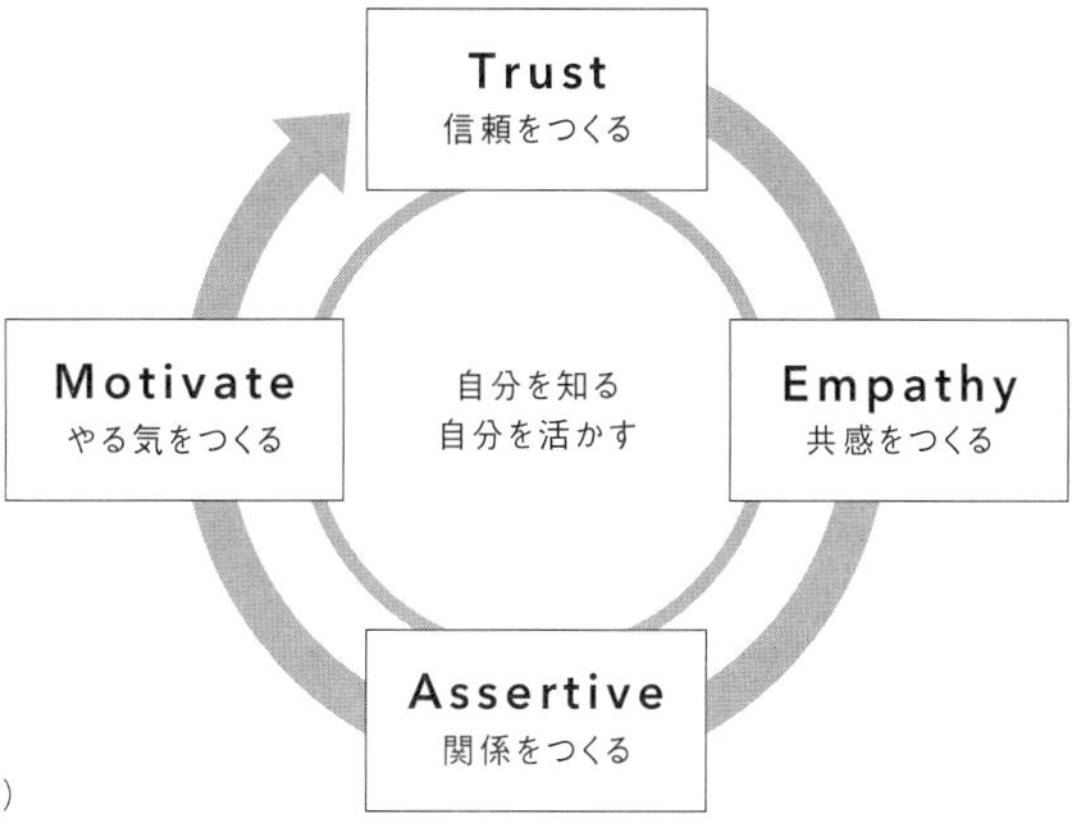

（著者作成）

すべての要素に必要な「セルフ・アウェアネス（自己認識）」が欠けていることにも気づくようになります。

「TEAM」と、それを実践するために必要なセルフ・アウェアネスは、言い換えれば、チームのエンゲージメントを高めるために必要なリーダーの行動とも言えます。

エンゲージメントとは、何かのイベントを実施して瞬間的にやる気を高めるものではありません。メンバーが中長期的にやる気を維持し、成果を上げ続ける持続可能な取り組みそのものです。

人事、財務やリスクマネジメントの領域で企業の業績向上を支援する世界有数のプロフェッショナルファーム、ウイリス・タワーズワトソン社の調べによると、持続可能なエンゲージメントの高い企業は、それが低い企業に比べて営業利益が約3倍も高いそうです。チームの結束やメンバーのエンゲージメントを高めるには、リーダーが「自分の感情」と「メンバーの感情」に着目した行動が不可欠です。だからこそ、「感情」は経営資源なのです。

ここからは、リーダーの行動に必要なＥＱの能力と、それを高めるためのチェックリストを紹介します。

ただし、これらはあくまで目安です。一人ひとりが異なる強みや特性を持っているので、自分の強みと特性を活かすコミュニケーションのヒントとして捉えてください。

◆Trust（信頼をつくる）に必要なＥＱ能力――「対人受容力」

対人受容力とは、相手が何を感じ、何を考えているのかを理解して受け入れる能力です。信頼関係を構築するには、まずは徹底的に相手を信じて受け入れることから始まります。相手を受け入れるには、まずは自分を開示し、相手を観察することが重要です。相手に興味を持ち、頻繁に声をかけて関係を構築します。

相手との心の距離を縮めるため、リーダーとしてメンバーそれぞれの役割や立場に沿ったコミュニケーション手段や言葉を選ぶことも信頼づくりには大切です。

〈対人受容力を高めるセルフチェック〉

✓メンバーの信頼を得るに足りる自己開示をリーダーがしているか
✓メンバー同士にあいさつや声かけがあり、互いの様子がわかる状態をつくっているか
✓メンバー同士が互いのニーズ、期待を知るための行動をとっているか

◆Empathy（共感をつくる）に必要なＥＱ能力――「共感力」

共感力とは、「相手の感情」を理解して感じ取る能力です。共感とは相手の目線に立ち、

相手が「自分の状況や立場を理解し、気持ちをわかってもらえた」と感じ、目的に対して冷静に対応できるコミュニケーションです。

〈共感力を高めるセルフチェック〉

✓リーダーがメンバーに興味や関心を持ち、定期的に話を聞く時間をとっているか

✓リーダーが面談時にメンバーの話に集中して3分傾聴をしているか

✓メンバー同士が目的や気持ちを一つにして取り組む機会を定期的に設けているか

チームをつくるリーダーシップとEQの関係

リーダーシップキーワード	EQ能力	EQ能力を高めるヒント
Trust（信頼をつくる） ・自らを開示し、常に相手を理解することに努め、自分から相手を信じ、心の距離を縮める	**対人受容力** ・相手が何を感じ、何を考えているかを理解して受け入れる能力	□自己開示する □声かけ、あいさつの頻度 □相手のニーズを知る
Empathy（共感をつくる） ・傾聴力を発揮して相手の立場、状況や感情を理解して寄り添い、冷静に相手との距離感を調整する	**共感力** ・相手の感情を理解し、感じ取る能力	□相手に興味を持つ □集中して聞く □相手の気持ちを知る
Assertive（関係をつくる） ・自らの主張をわかりやすく伝え、多様性を持って意見を受容し、健全な議論ができる関係をつくる	**アサーション** ・自分の考えや意思を主張したり守ったりするときに必要な能力	□自分事として捉える □異なる意見を受容する □自分の意見を持つ
Motivate（やる気をつくる） ・相手の強み・特性を引き出し最大化し、その気になって目的達成に向かう	**自己表現力** ・感じていることや考えを、的確に相手に伝えるための表現能力	□自分の気持ちを伝える □相手の動機を把握する □互いの強みを知る
自分を知り、自分を活かす	**自己認識・自己マネジメント**	□感情を知る □自分のパターンを知る □機嫌を調整する

（著者作成）

◆Assertive（関係をつくる）に必要なEQ能力――「アサーション」

アサーションとは、自分の考えや意思を主張したり守ったりするときに必要な能力です。相手と健全で対等な関係をつくるには、自分と相手のWin-Winなコミュニケーションが不可欠です。出来事に主体性を持って関わり、相手を尊重して異なる意見を受け入れ、ネガティブな状況でも自分の意見をしっかりと表明するコミュニケーションのことです。それがチームに健全な議論のできる土壌をつくります。

〈アサーションを高めるセルフチェック〉

✓メンバーを一人のプロフェッショナルと捉え、尊重する言葉遣いや行動をしているか
✓自分の意見や主張をわかりやすくメンバーに伝え、メンバーが意見を伝えやすい安心安全な場づくりをしているか
✓メンバーの視点や意見を受け入れ、互いに幸せな状態を目指す関わりができているか

◆Motivate（やる気をつくる）に必要なEQ能力――「自己表現力」

自己表現力とは、感じていることや考えを的確に相手に伝える表現能力です。人がやる気になるのは、自分の存在意義や仕事の意味を感じられ、自分の存在や行動が周囲に影響力を与えていることを知るときです。まずは相手を観察して、「Why（なぜここにいるの

か？）」を把握して働きかけましょう。メンバーの存在や強みがチームの成果につながっていることを丁寧に伝えることが、相手のやる気をつくります。

〈自己表現力を高めるセルフチェック〉

✓自分の気持ちを意図を持って伝え、自分のやる気や動機を適切に開示しているか
✓組織の目指す姿や仕事の意味について、メンバー一人ひとりのやる気につながるように定期的に伝えているか
✓メンバー同士が互いの強みや特性を知り、互いの力を最大化し合えるようなチームづくりをしているか

これらの能力を高めるヒントは、第3章や第4章で伝えたこととも重なっています。自分とメンバーの「感情」を知るのは、チームのエンゲージメント向上につながる重要なスキルです。ぜひ意識して磨いてください。
なお、これらの能力を活用した上で、チームの発達段階ごとにリーダーが意識すべきマネジメントのポイントについては、左のページの表を参考にしてください。

チームの発達段階に合わせた感情マネジメント

チームの発達段階	メンバーの感情	リーダーがとりたい感情マネジメント
形成期 全体ビジョンの共有 コンフリクト・マネジメント	ドキドキ、ワクワク、緊張、探り、不安	・目的、方針の共有 ・互いを知る機会をつくる ・進め方、役割の提示 ・不安の解消
混乱期 定量目標と定性目標の共有	対立、疑心、あきらめ、焦り、無関心	・互いの価値観や信念の共有 ・定期的な進捗確認、声かけ、関わり ・事実と感情を分けた会議ファシリテーション
統一期 メンバー同士の求心・協働意識	希望、決意、覚悟、求心力、ねばり、競争	・達成後のビジョンの再確認 ・メンバー同士の関係性強化 ・自発性を促す支援 ・進捗を細かく共有
機能期	一体感、協力、協創、心理的安全、達成感	・メンバーが力を発揮することを互いに支援する会議やコミュニケーション ・進捗や成果の言語化 ・成果の発信
散会期	達成感、次なるチャレンジ、成長の実感	・経験や学びを自己成長として言語化し、発信する支援 ・次なるチャレンジに向けた支援

（著者作成）

リーダーは自分の言動と振る舞いを知ろう

第3章ではリーダーが「自分の感情」を認識し、「感情」がもたらす言動のクセを理解することで、状況に応じた適切な行動を選択できると説明しました。これはチームマネジメントにおいても有効です。

「自分は今、いらだっている」「今日は気分が落ち込んでいる」「新しいプロジェクトにワクワクしている」など、「自分の感情」に向き合う習慣をつけてみてください。そして自分はメンバーに対してどんな言動で接しがちなのかも意識しましょう。

特にリーダーの多くは話量が多い傾向があります。気分が高揚したとき、あるいは不安やいらだちを感じたときなど、「感情」が動くといつもにも増してよく話す人も多いはずです。自分の「感情」と行動のクセを知り、マネジメントをするのは大切なことです。

自分の中に湧き上がる「感情」は簡単に変えられるものではありませんし、無理して変える必要もありません。それがポジティブな「感情」でもネガティブな「感情」でも、あなたが感じたことですから大切にしてください。

「自分の感情」を認めることからスタートすることで、人とは違う自分を認められるようになります。同じことはメンバーにも言えます。

「自分の感情」を認めて受け止め、言動を変えることが重要なのです。周囲を巻き込み、メンバーと一緒に目的を達成したいなら、描く成果に向けて考えて適切な言動を選べるようになるはずです。これがＥＱを高め、「感情」を「知性」として活かすということです。

ある程度のトレーニングは必要ですが、決して複雑なものではありません。ぜひ、周囲を巻き込んで挑戦してみてください。

ＥＱでは、自分の行動の傾向を知ることで、メンバーに与える印象を良くしたり、安心安全な場をつくったりすることができるようになります。

例えば、自分ばかり話す傾向が強いリーダーの場合、自分の考えを伝える前にメンバーの話を聞くように習慣づける、またすぐにいらだつ傾向があるリーダーの場合は、6秒待つことで自分の気持ちを落ち着かせることができるといったようなことがあります。

声をかけられやすいリーダーになろう

リーダーは普段から、自分の表情や機嫌がメンバーにどのように影響しているのかに自覚しましょう。1on1や会議の場で真剣な話をするとき、必要以上にしかめっ面になってはいないでしょうか。

仕事の場だから笑うべきではないと思っているかもしれません。しかし、眉間に皺を寄せたリーダーの表情に、メンバーは圧迫感を抱き、言いたいことも言いだせずにいるのかもしれません。

普段、デスクで仕事をしているときもそうです。もしリーダーがイライラした表情で忙しそうに働いていたら、メンバーは「ミスを報告しよう」と思っていても切りだしにくなるでしょう。その結果、報告が遅れて大きなトラブルに発展してしまうこともあります。能面のように無表情のリーダーもいます。メンバーは「何を考えているんだろう」と不安になり、やはり話しかけづらくなるものです。リーダーの表情は、心理的安全性をつくれるかどうかを大きく左右します。

メンバーに「報告・連絡・相談をしっかりしてほしい」「率直な意見を言ってほしい」「どんどん提案してほしい」と伝える前に、まずはリーダーがメンバーにその行動を起こしやすい環境を用意できているのか、自分の言動や表情を改めて振り返ってみましょう。

こう伝えると、「自分の性格は変えられない」と反論する人もいます。しかし、性格を変えたり、自分らしさを封じたりする必要はありません。変えるのは性格ではなく、行動です。目的を持ち、それを達成したいのであれば、そのために必要な行動をとりましょう。

ミーティングは「気持ちをデザインする場」

ミーティングがある日、リーダーは第3章で紹介した「感情の予約」をしてみることをオススメします。ミーティングを終えてメンバーが部屋を出ていくとき、どんな気持ちになっていてほしいのかを予約しておくのです。

ミーティングの目的はメンバーに情報を伝えること。戦略や変更事項、上層部の通達、プロジェクトの進捗を確認することが大きな目的です。しかしほとんどの場合、これらは事前にメールやほかの手段でもやりとりできるはずです。

ミーティングで直接コミュニケーションをとるのは、リーダーがメンバーに対して、念を入れるためではないでしょうか。

リーダー「この件とあの件を、来週までによろしくね」
メンバー「はい、わかりました」
リーダー「ほかに何かあったっけ?」

メンバー「来月の◯◯の件はどうしましょうか」
リーダー「来週のミーティングまでに△△をそろえておいて。××も必要だね」
メンバー「はい」（To Doリストをメモする）

こうしたやりとりはよくありますが、この程度の内容であればメールや電話で十分です。リモートワークが広がる状況で、メンバーと直接顔を合わせる大切な時間は、こうした連絡事項のやりとりではなく、もっと心と心を通わせる時間にしましょう。

リーダーがデザインすべきなのは、面談やミーティングが終わった後、メンバーがどんな気持ちで部屋を出ていってほしいかということです。

「漠然とした不安が解消された」「ほめられてうれしい。もっと頑張ろう」「仕事の意義を再認識して使命感が湧いた」「みんなの考えが理解できてスムーズに連携できそうだ」など、オンラインミーティングであっても、互いに言葉を交わせる機会を「気持ちをデザインする場」だと捉えましょう。

「メンバーの気持ちをデザインする」と決めるだけで、リーダーはその目的を満たすような言葉を発するようになるはずです。

まずは3カ月続けてください。きっと変化が生まれます。

メッセージを伝えるときは「自分」を主語に

新たなプロジェクトが持ち上がり、リーダーがメンバーにその背景や意義を説明して目標を共有する場面で、「うちの会社は〜」「社長は〜」と話すリーダーと、「私は〜」と話すリーダーがいるとします。自分の姿を振り返ったとき、前者のタイプだという自覚があるなら注意が必要です。

ＥＱ調査をしていると、次のような特性を持つ人に出会うことがあります。

「自己主張性」が高く、「自主独立性」が低い。

自分の意見や判断、権利を相手に率直に伝えるような行動傾向が強く、人に頼らず、主体的に物事に取り組もうとする行動傾向は低いタイプの人です。こうした人は、他者に対する発信やプレゼンテーション力は高いけれど、自分の考えを持たない傾向があります。

このようなリーダーは、経営トップのメッセージをメンバーに伝えることは得意なのですが、そこに自分の考えや思いがありません。プロジェクトでコンフリクトが起こり、メンバーから「リーダーはどう思っているんですか」と問われても、「社長がこう言ってるんだから」としか答えられません。そう答えるとメンバーは、「自分の考えはないのか」「あなたは何のためにいるんだ」と失望してしまうでしょう。

リーダーがメンバーの信頼を失い、プロジェクトが空中分解するような悲劇も、実際に起こっています。

多少なりとも、思い当たる部分があるなら、自分を主語にして考え、語ることを意識しましょう。

会社や上長に言われたことに対して、まずは「自分がどう感じたのか」「自分はどう思うのか」を、「私（I）」を主語にしてメンバーに伝えるようにしてください。それは言い換えれば、組織のミッションを自分事に再定義して伝えることでもあります。

自分の考えがまとまらなくても、少なくとも自分がどう感じたのかはわかるはずです。まずは自分が悲しいのかうれしいのかという「感情」を知り、それを伝えることから始めましょう。

人材開発や組織開発の依頼を受ける中で、近年、企業がリーダーに求める行動が変わってきたと感じます。これまでは、従業員の誰もが会社の戦略に従い、正解を目指して同じように動くことが期待されていました。会社が方針を決定し、社員はそれに従い、目標に向かって動いていたのです。

しかしこれからは、正解のない問いに対して経験や実績を総合して現場で考え、探求しながら行動を継続することが期待されます。

会社の決定を自分の言葉でメンバーに伝え、自分のチームの目標を掲げて実行するリーダーが望まれています。

リーダーには、メンバーを巻き込むためにロジックを考えて説明するスキルはもちろん、自分の気持ちを適切に伝え、メンバーの気持ちを聞いて共感を示すことで、納得感を生みだすスキルが求められているのです。

EQが高いリーダーはメンバーを不安にさせない

第2章では、私がEQに注目したきっかけを紹介しました。

複数の大手企業に入って、ダイバーシティの推進や組織風土の改革などをプロジェクトチームと協業する中で、プロセスも手段もメンバーの素養もほぼ同じなのに、プロジェクトがうまくいくチームとそうでないチームがあることに気づいた、という話です。

なぜ、そんな差が表れるのでしょうか。ＥＱの知識を得たことで、私はその答えを知ることができました。

うまくいくチームのリーダーは必ず、メンバーを不安にさせない配慮をしています。

例えば、「今の仕事のゴールを明確に伝える」「語りかける際に明るく前向きな言葉を選ぶ」「自分の考えや気持ちを開示する」といった行動をとるリーダーがいると、チームは自然とコミュニケーションが円滑になり、同じ目標に向かって結束力が高まっていきます。

うまくいかないチームのリーダーが配慮を一切していないというわけではありません。苦戦するチームでも、リーダーは一応、配慮はしています。しかし、それをほとんど表に出していないのです。そのため、メンバーにリーダーの思いが伝わらず、メンバーが互いの考えを探るようになっていくのです。

私がある企業のプロジェクトに関わっていたときのことです。

ミーティング中、一部のメンバーは今後の進め方に少し不安な表情を見せていました。その後、私がリーダーと２人で今後の進捗を確認し、「では、○○さん（リーダー）からメンバーのみなさんに、このことを伝えてくださいね」と告げると、「そんなことはみんな理解しているでしょう。時間もありませんし、わざわざ言う必要はないと思います」という答えが返ってきました。

リーダーも、ミーティング中にはメンバーの不安な表情を確認していました。しかしリーダーはメンバーの不安な気持ちよりも、タスクを進めることを優先したのです。

もし、このリーダーとメンバーとの間に気持ちを伝えられるような人間関係があれば、メンバーが質問したはずです。しかしメンバーは不安な表情を見せただけで、それを伝えることはありませんでした。きっと、リーダーが時間がないことを気にしていると感じ取ったのでしょう。つまり、リーダーに遠慮したのです。

リーダーはメンバーの遠慮に対して、配慮を欠いていました。

人と人との関係において、「これくらいでいいだろう」と一方的な判断を下すと誤解が生まれます。少しでも気になることがあるなら、リーダーは言葉に出して、しっかりとメンバーにメッセージを発すること。またはメンバーが気持ちを口に出せるような環境づくりをしておくことが大切です。

このような些細なことが、チームのエンゲージメントに大きく左右しているのです。

リーダーは「表現力」を磨こう

エンゲージメントの高いチームのリーダーに見られるＥＱ能力として、「自己表現力」

の高さがあります。この中には、「言語的な感情表現」「非言語的な感情表現」の2つが含まれています。

言語的な感情表現とは「自分の感情」を表現することであり、このスキルが高いリーダーは言語表現がとても豊かです。「自分の感情」を素直に伝えるほか、人を認める、ほめる、励ますなど、人に関わる表現を豊かに使いこなして伝えることができます。

逆に言語的な感情表現が低い人には2つのパターンがあります。一つは表現する語彙が少ないケース、もう一つは語彙はあっても発信していないケースです。

私が企業向けのEQトレーニングでよく実施しているワークに、メンバーの一人を思い浮かべて、その人を「認める、ほめる、関わる」ような語彙を3分で出してもらうというゲームがあります。

ここでリーダーが出す語彙は平均すると12〜13くらい。みなさん、自分の語彙が思ったよりも乏しいことに驚きます。

言語的な感情表現を高めるなら、リーダーはまず人に対する感情語彙力を高めましょう。人を表現する語彙は生活の中に数多く存在しています。普段の組織内の会話だけでなく、ドラマや小説などで気になった語彙を記録しておくこともオススメします。

自己表現力の高さのうち非言語的感情表現とは非言語スキルともいわれ、言葉以外のしぐさや表情、視線などで感情を表現することです。

矛盾したメッセージが発せられたときに、人がどのようにそれを受け止めるのかを実験したことで有名な「メラビアンの法則実験」は、非言語コミュニケーションの重要性を説いています。

人はどんなにポジティブな言葉を投げかけられても、それを発信している人が憮然とした表情で、まったく感情のこもっていない伝え方であれば、ネガティブな情報として受け取ります。つまり、非言語の情報が印象を大きく左右するのです。

非言語的な感情表現は、リーダーが自分で意識して行動することで確実に鍛えられます。まずは、普段の表情で笑顔を意識することから始めましょう。自分の表情を気にしたことがないなら、一日の中で自分の表情を確認する機会を増やしてください。

例えばデスクの上に鏡を置いたり、トイレに行くたびに鏡で自分の顔を見たりすることは、自分の表情を客観視するのにいい習慣となります。

非言語コミュニケーションは人間に共通するスキルです。特に小さな子どもの感情表現や日本語以外の表現方法に注目すると、多くの学びを得られます。

以前、私のＥＱトレーニングの受講生の中に、自分がまったく知らない言語の人間ドラマを見ることで、表情やしぐさを学び、表現性を高めてマネジメントに活かしているという人がいました。

どんなに思いがあっても、行動を通してメンバーに伝わっていなければ、それは伝えたことにはなりません。言語を使う場合も非言語の場合も表現方法を工夫することで、リーダーの思いはより伝わるようになります。

症例別のリーダーの処方箋

本書の第1章では、チームマネジメントでつまずくリーダーの失敗例を4パターン紹介しました。「自分に当てはまるかも……」と思ったみなさんに、それぞれ意識して高めたいＥＱ能力と行動改善のポイントを紹介します。

事例1 「すぐに解決してあげたい」症の処方箋

このタイプは、仕事への理想が高く、主体的に課題解決に動く頼もしいリーダーです。

しかし、他者が自分とは異なる感じ方や価値観を抱いていることに気づきにくい側面があります。自分の成功事例をメンバーがなぞれば同じようにみんなが成功して、幸せになると思い込んでいるのかもしれません。

自分の考えを伝えることを優先し、人の話を聞いていないため、メンバーからは「理解してもらっていない」と捉えられることがあります。

〈伸ばしたいEQ能力〉

メンバーの納得を得る共感的理解力

〈EQ能力を磨くヒント〉

✓多様な価値観や視点があることを意識し、「違い」を「間違い」にしない
✓メンバーの判断基準がどこにあるのかを考えながら、集中して話を聞く
✓メンバーに共感を示しつつ、立場や状況に即した解決策を一緒に考えて実行する

事例2 「とにかく効率アップしなくちゃ」症の処方箋

このタイプのリーダーは、これまでの経験や知識に自信があり、自分の力でチームの最適解を導きだそうとします。チームの生産性を追求するあまり、時にメンバーの状況や

「感情」に気が回らないこともあります。

論理的に課題を解決することに価値を置いていますが、その意義についてメンバーと共有できていない可能性も高いでしょう。そこには、「反対されるのが怖い」という不安もあるのかもしれません。

〈伸ばしたいＥＱ能力〉

メンバーのやる気をつくる表現力

〈ＥＱ能力を磨くヒント〉

✓メンバーそれぞれの特性や強みを把握する
✓定量的な目標だけでなく、定性的な目標を設定したり動機を理解したりして、メンバーと共有する
✓チームでメンバーがそれぞれの強みを活かして目標を達成できるようなビジョンを描き、頻繁にそれを共有する

事例3 「みんな自分と同じレベル」症の処方箋

このタイプのリーダーは、常に高い熱量で仕事に取り組み、これまでは成果を上げてきたのでしょう。「出世は働く量で決まる」という考えで、常に動き続けています。スピード感がありますが、それについてこられないメンバーを「やる気が足りない」と評価し、距離をとってしまうこともあるのではないでしょうか。「同期に遅れをとりたくない」というプレッシャーや失敗への恐れがあるのかもしれません。

〈伸ばしたいEQ能力〉

メンバーとの関係をつくるアサーティブコミュニケーション

〈EQ能力を磨くヒント〉

✓短期目標の達成だけでなく、中長期的な視点で目的やゴールを意識する
✓人間関係の質を高めることからチームづくりをスタートし、メンバーとのアサーティブコミュニケーションを実践する
✓リーダーが自分の内面と向き合い、「ノーブルゴール」を追求する

事例4 「クールであらねば」症の処方箋

このタイプのリーダーは、ロジカルな思考を得意とし、仕事に感情を持ち込むのはご法度だと考えています。もしかすると若い頃に感情的な言動をするリーダーに辟易とした苦い経験があり、それを反面教師にしているのかもしれません。やるべきことを淡々と実行していきますが、メンバーとは心の距離が離れている可能性があります。

〈伸ばしたいEQ能力〉

メンバーを巻き込む、信頼関係構築力

〈EQ能力を磨くヒント〉

✓メンバーそれぞれの気持ちや状況、意思に、リーダーが関心を持つ
✓リーダーが自己開示を意識し、先に自分から心を開き、メンバーのことを信頼する
✓メンバーとの信頼関係構築に向けて、コミュニケーションの質と量を高める

リーダーはまず「自分の感情」に向き合おう

私がさまざまな会社やチームを見ている中でも、リーダーが「自分の感情」を適切にメンバーに伝えているチームは、エンゲージメントが高いように感じます。

リーダーの「感情」の感じ方やあり方、価値観は時間の経過によっても変わっていきます。ですからまずは、リーダーが「自分の感情」にしっかりと向き合い、それを捉えて開示すること。それによって、メンバーとどんな関係になるのかを考えてみてください。

リーダーが素直な「感情」を見せることで、メンバーは安心して、リーダーに共感を抱きやすくなるという研究結果もあります。ネガティブな「感情」であっても、それは変わりません。

メンバー一人ひとりの個を活かすマネジメントとは、その一人ひとりが抱く「感情」に着目して、それを認めることです。

そのためには、まずリーダーが「自分の感情」を認めなければ、「他人の感情」を認めることはできません。リーダーに必要なのはまず「自分の感情」を認め、適切に開示しながら関係をつくること。それが良好なチームビルディングにつながるのです。

「感情を伝える」と言うと違和感を抱く人も多いはずです。特に日本では学校や会社で「感情的になってはいけない」「人の上に立つ者は私的な感情を抑え、冷静に振る舞うべきだ」と教わってきたはずです。

ただ、本書で私が繰り返し伝えてきた「感情を開示する」というのは、「感情的にものを言う」ことではなく、自分がどんな「感情」を抱いているのかを、その時々に応じた適切な表現で伝えることです。

例えば、メンバーからの報告に強い怒りを感じたとき、「バカ野郎！」「ふざけるな！」と怒鳴ったり、机を叩いたりするのは当然、許されません。

そうではなく、自分が怒りを抱いていることを受け止め、その上でメンバーの「感情」も察して、怒りの気持ちに対応していきます。そして自分たちが普段から掲げている目的を達成するためには、自分の怒りをどう表現すべきかを考え、言葉や行動を選んでいくのです。

メンバーの行動に非があり、本人がそれに気づいていないなら、あえて「自分は非常に怒っている」と伝え、叱ることで反省と成長を促す手もあるでしょう。

「もっと早く相談してくれなかったことが悲しい」と伝えれば、相手にズシリと響き、過ちを繰り返すことを防げるかもしれません。これが「感情」の適切な開示方法です。

もちろん、「怒りを表さない」という選択もあります。そのメンバーが自分のミスを心から悔いているのであれば、それ以上萎縮させないために自分の怒りを見せないように振る舞ったり、あえて明るく接したりすることで気持ちを切り替えさせる手もあるでしょう。

ちなみに、私は幼い子どもを持つ親から育児の相談を受けることもありますが、子どもを注意するときにもEQを活用します。

子どもが友達を叩いたり、玩具を奪ったりするなどの好ましくない行為をしたときに、「叩いちゃダメ」「取っちゃダメ」と叱るよりも、「あなたが友達を叩いたことを、私は悲しく思う」「友達と仲良くできないのはあなたらしくなくて残念だ」と伝えたほうが効果的です。

親の率直な「感情」を伝えることで、子どもは自分が怒られるよりも、「大好きな人が残念な思いをしている」と感じ、自分の行動を見つめ直しやすくなるのです。

自分の感情を他者に対して表すのが苦手な人は、「言語的な感情表現」「非言語的な感情表現」のトレーニングをオススメします。

コミュニケーションは「質」と「量」を意識する

コミュニケーションを向上させるには、質と量の両方に指標を置くことが大切です。リーダーはメンバーのやる気を高めるために、ほめてポジティブな影響を与えようとします。確かにリーダーがメンバーの行動を観察し、ほめたり前向きなフィードバックをしたりすることはとても大切です。

しかし、リモートワークが広がる中で、日常的にメンバーの働きぶりを観察することが難しくなっています。以前なら、オフィスでメンバーの様子に目を配りながら仕事の質だけをフィードバックしていれば良かったのでしょうが、リモートワークの環境ではそれができません。

では、メンバーのやる気を高めるにはどんな方法があるのでしょうか。有効な方法の一つが量で勝負することです。さまざまな切り口でメンバーに声をかけていくのです。

「青いシャツが似合うね。さわやかな気分になる」
「声が明るいいね。元気をもらえるよ」

「いい言葉だね。勇気が湧くよ」
「ありがとう、今回も助かった」

会議の前後やちょっとしたやりとりで、自分の気持ちを加えてみてください。会話が展開するはずです。

私はさまざまな組織に入って仕事をしていますが、チームのあいさつ、声かけ、対話の質は、その量に比例すると感じています。そもそも声かけの量が少ないチームは、失敗も含めたやりとりが少なく、質の改善には至りません。

目も耳も口も、そして「感情」も私たちが持つ資源です。「感情」を含めて活用し、チームづくりに役立てるほうが、圧倒的に効果が発揮されるのは自明の理でしょう。

メンバーのことを大切に思っていないリーダーはいない――私は、そう信じています。

リーダーはみんな、何らかの縁によって自分のチームに配属されたメンバーの成長を願っています。

ただ、思いはあるけれど、その伝え方が適切でないことも多いようです。思いはあるのに、それが伝わっていないのであれば、とても残念なことです。

本書では、「感情マネジメント」について、そのメリットと実践方法についてお伝えしてきましたが、愛情は非常に大切な人間の「感情」です。

誰かを大切に思い、その成長や成功、幸せでいることを願うという愛情も、意識して鍛えれば豊かに耕すことができます。そして愛情を伝えるスキルを磨けば、適切にそれを相手に注ぐことができるようになるのです。

人間の根源的な「感情」の一つである愛情であっても、マネジメントができるのです。

私たちは、「感情」を土台にしてなりたい自分に近づくことができます。

「感情」によって、自分やメンバーを幸せにすることもできます。

そして「感情」をマネジメントする力は今、この瞬間から高めることができます。

そう考えると、「感情マネジメント」力とは、あなたの未来を自由自在に創ることのできる魔法のようなスキルなのかもしれません。だからこそ、なるべく多くの人に「感情マネジメント」を身につけ、実践してもらいたいと思うのです。

「感情マネジメント」があらゆる職場に広がれば、きっと日本の幸福度は高まっていく。

ぜひ、今日から「感情マネジメント」を始めてみませんか。

おわりに

ここまでお読みいただき、ありがとうございました。

本書で一貫してお伝えしてきたのは、「自分の感情に着目する」ことの大切さです。

みなさん一人ひとりが、自分の「感情」に向き合い、それを大切にすることで、自分を幸せにし、心豊かな日々を送れるようになっていきます。

ひいてはそれが、周囲の人も幸せにしていき、ハッピーな好循環が回っていく——。

誰もが「感情」に着目するだけでそんな世界を実現することができると確信しています。

実は私自身、ＥＱによって幼少期から感じていた〝息苦しさ〟から解放されました。

私は、台湾人の両親のもとに台湾で生まれ、幼い頃に日本に渡り、後に日本の国籍を取得しました。両親は日本で大学を卒業し、家族とともに日本への移住を選択したのですが、移民の家族として日本で暮らしていくには、私には想像もできない苦労があったようです。

両親は、医師・薬剤師として懸命に働き、私を含めた3人きょうだいを育ててくれました。幼少期の私は、日本の幼稚園と小学校に通い、友達にも恵まれて育ちました。

そんなある日、両親は私にこう注意をしたのです。

「台湾人であることを、決して外で言ってはいけない」――。

「大好きな台湾、大好きな祖父母のことを、なぜ友達や先生に話してはいけないの？」

そんな疑問を持ちながらも、両親が子どもたちにわからないように台湾語でこっそり話している内容を聞いた私は、「なぜ台湾人であると明かしてはいけないのか」という理由も、ある程度、察することができました。

日本語を母国語として話す私たち子ども世代は、自分から打ち明けなければ、国籍のことを他者に知られることはありません。

私は毎年、年末年始には台湾に帰省し、夏休みも台湾で祖父・祖母や親戚に囲まれて過ごしながらも、日本の友達には台湾のことを一切話さないようになりました。「夏休みはどこに行っていたの？」と聞かれるたびに、「おばあちゃんの家、九州のほう」などと答えて、知らない土地の話をするクセまでつきました。

当時はまだ、ダイバーシティなどが謳われていない時代です。

日本社会に外国人が増え、多様な価値観が混ざりながら変化を遂げつつも、私自身がかつての日本社会から感じていたのは、外国人に対する根本的な疎外感でした。

「台湾人であることを打ち明けると、いじめに遭うかもしれない」。そんな危機感を抱き、両親の言う通り、高校を卒業するまでは台湾出身であることを明かさず、それに恐怖や怒り、悲しみを覚えた自分の感情にもフタをして過ごしました。

父は、私の将来を思って医師を目指して手に職をつけるよう、ずっと期待をかけてくれていました。

しかしそんな親の愛が、思春期の私には将来を決めつけられたように感じ、両親と正面から向き合って話し合うこともないまま、医師の道を拒み続けていました。自分の気持ちをうまく表現できず、息苦しさや葛藤で精神的に追い詰められ、感情をコントロールできない荒れた状態で思春期を過ごしました。

高校卒業後は、とにかく日本から離れたい一心で米国に渡りました。

渡米して驚いたのは、あまりにも多様な国籍や価値観が入り混じり、そこで暮らす同世代の若者たちも、自分のあり方を自分で選んで生きている姿でした。親が移民だろうが、離婚をしていようが、家族の国籍が異なっていようが、あるいは自分に障害があろうが、今の自分のあり様や気持ちを素直に語る彼ら彼女らに、衝撃を受けました。他者との違いを受容する学校や社会が存在していることも、当時の私にはショッキングでした。

もちろん、多様性を受け入れた米国社会のすべてが優れているわけではありません。それゆえに直面する数々の社会課題も横たわっています。それでも大前提として、他者との違いを受け入れる姿勢には大きな感銘を受けました。

帰国した私は、米国や欧州資本の外資系企業で人事の仕事を始めました。人が国籍や生まれた環境によって判断されるのではなく、何を考え、どう行動するかという、いわゆる実力で評価される組織は、当時の私の目には非常に公平に映りました。

しかし、働き続ける中で新しい疑問を抱くようになっていきました。どんなに実力があり、フェアな組織であっても、そこで働く人々が「幸せであるか」は別だったのです。

社会に出て四半世紀が経ちましたが、私がさまざまな組織を見て発見したのは、「働く一人ひとりが仕事に納得し、幸せを感じて働く組織こそ、もっとも強い集団である」という事実でした。

ＥＱの存在を知り、「感情」の持ち方や表し方をマネジメントする能力を後天的に開発できると知ったとき、私は大きな希望を持ちました。自分で物事をコントロールできない状況でも、自分の心の状態を認め、ありたい姿に向けて心を動かし、行動することができます。それが自分の心を大切にし、自分の大切な人の思いに応えることにもつながります。

学んだことを実践してみると、自分も周囲もどんどん変わっていきました。それがうれしくて私はＥＱの開発に夢中になりましたし、今も開発をしています。きっとこれからも一生続けていくのでしょう。

私が経営するアイズプラスでは、オウンドメディア「EQ+LAB.」でＥＱの情報などを発信しています。個人向けプログラムの提供やセミナーなども開催しています。

多方面から寄せられる相談を聞いていると、かつての私と同じような悩みを抱えている人は、とても多いと実感します。

本書ではビジネスリーダーのＥＱ開発を中心にお伝えしましたが、教育や医療など、幅広い業界からＥＱを高めたい、ＥＱを広めたいと考える仲間が集まってきています。わが子とより良いコミュニケーションをとるために学ぶ人も増えています。

また２０２０年から定期的に開催する「ＥＱ入門セミナー」では、子育てやキャリアなどをテーマに取り上げて、よりＥＱを身近に感じてもらう取り組みも始めています。

多くの人が、「自分の感情」に着目することで、改めて強みを認識し、次のステップに進むことができる。そのプロセスに伴走し、ＥＱをキャリアに活かすようなプログラムも展開しています。

「ＥＱを社会のＯＳ（オペレーティングシステム）にする」――。

これが、私たちの掲げる目標の一つです。

これからの時代、デジタル化とロボット化が社会の基盤となるように、ＥＱは人間活動の能力基盤になると確信しています。

「自分の感情」を大切にし、その「感情」を起点にして周囲に働きかけて活かすことで、新たに身につけた知識やスキルが大きな効果を発揮していくからです。

欧米では、家族や友人、仲間とのコミュニケーションや人間関係の構築など、自分を取り巻く人々と過ごす時間をより豊かなものにするために、ＥＱが当たり前のように活用されています。そんなカルチャーを日本にも広げていこうと思っています。

本書が、みなさんにとって心豊かに働くことを実現するための一助となることを、心から願っています。

２０２１年３月

池照佳代

[著者]
池照佳代（いけてる・かよ）
株式会社アイズプラス　代表取締役
1967年台湾生まれ。日本で育ち、高校卒業後に米国でTESL（Teaching English as a Second Language）を学び帰国。ECC外語学院で講師・学校運営など経験後に、マスターフーズ（現マースジャパン）に人事職で入社後、フォードジャパン、アディダスジャパン、ファイザー、日本ポールで人事職を中心に担当する。2015年法政大学経営大学院にて経営学修士（MBA）を取得。子育てと仕事の両立を目指し、2016年大学院在学時にアイズプラス社を設立。IC（インディペンデント・コントラクター）として独立を経て、現在は株式会社化してパートナーシップによる協働プロジェクトで企業の人事、経営課題に取り組んでいる。組織向けにコンサルティングを提供する中で、EQ（感情知性）の重要性に気づき、以降、制度設計、人材・組織開発、キャリアデザインなどにEQを取り入れたプログラムを独自に構築し、提供開始する。2019年、日本初のEQオウンドメディア「EQ+LAB.」を立ち上げ、国内外のEQ関係者を巻き込みながら“心豊かなポジティブチェンジの場と機会づくり”に取り組んでいる。このほか2021年4月から山野美容芸術短期大学特任教授を務める。
株式会社アイズプラス　https://is-plus.jp/
「EQ＋LAB.」　https://is-pluseq.com/

感情マネジメント
――自分とチームの「気持ち」を知り最高の成果を生みだす

2021年3月30日　第1刷発行

著　者――池照佳代
発行所――ダイヤモンド社
〒150-8409　東京都渋谷区神宮前6-12-17
https://www.diamond.co.jp/
電話／03･5778･7233（編集）　03･5778･7240（販売）
編集協力――青木典子
装丁・本文デザイン――坂川朱音（朱猫堂）
DTP――河野真次（SCARECROW）
校正――聚珍社
製作進行――ダイヤモンド・グラフィック社
印刷・製本――三松堂
編集担当――日野なおみ

ISBN 978-4-478-11234-2